El chakra corazón

Cyndi Dale

El chakra corazón

Tu cuarto centro energético
Simplificado + Aplicado

EDICIONES OBELISCO

Si este libro le ha interesado y desea que le mantengamos informado de nuestras publicaciones,
escríbanos indicándonos qué temas son de su interés (Astrología, Autoayuda, Ciencias Ocultas,
Artes Marciales, Naturismo, Espiritualidad, Tradición…) y gustosamente le complaceremos.

Puede consultar nuestro catálogo en www.edicionesobelisco.com

Colección Salud y Vida natural

EL CHAKRA CORAZÓN
Cyndi Dale

1.ª edición: septiembre de 2025

Título original: *Heart Chakra*
Your Fonth Energy Center Simplified and Applied

Traducción: *Daniel Aldea*
Corrección: *M.ª Jesús Rodríguez*
Maquetación: *Marga Benavides*
Diseño de cubierta: *Carol Briceño*

© 2024, Cyndi Dale
Publicado por Llewellyn Publications www.llewellyn.com
(Reservados todos los derechos)
© 2025, Ediciones Obelisco, S. L.
(Reservados los derechos para la presente edición)

Edita: Ediciones Obelisco S. L.
Collita, 23-25. Pol. Ind. Molí de la Bastida
08191 Rubí -Barcelona - España
Tel. 93 309 85 25
E-mail: info@edicionesobelisco.com

ISBN: 978-84-1172-292-6
DL B 6939-2025

Impreso en Gràfiques Martí Berrio, S. L.
c/ Llobateres, 16-18, Tallers 7 - Nau 10. Polígono Industrial Santiga
08210 - Barberà del Vallès - Barcelona

Printed in Spain

Introducción

Eres un alma inquieta. Es posible que tu afán por descubrir cosas nuevas te haya llevado a leer en la tranquilidad de tu hogar, pasar algo de tiempo en la naturaleza, consagrarte a la exploración o la reflexión serena, iniciar una relación romántica o vivir en soledad. O puede que incluso hayas probado todos estos enfoques aparentemente antagónicos. El ser humano, tanto individual como colectivamente, se ha adentrado en la exploración de lo grande, lo pequeño y todo lo que queda en medio en busca del auténtico grial: el sentido de la existencia.

Probablemente, en algún momento de tu vida has llegado a la conclusión de que no había ninguna idea, religión, vocación o persona que te ofreciera la respuesta que andabas buscando. En tus esfuerzos por alcanzar el pistilo o centro de la flor de la vida, siempre quedaban más pétalos por arrancar. Sin embargo, mi propuesta es que existe un chakra, o centro de energía sutil, que, al desplegarse, revela la esencia de la existencia.

Este chakra tiene una cualidad única, algo que suelo denominar con el apelativo de «amor silencioso».

Esta designación ligeramente paradójica se une a otros nombres más conocidos del chakra del corazón. En sánscrito, la antigua lengua vinculada a la medicina espiritual, el cuarto chakra recibe el nombre de *anahata,* y está ubicado en el centro del pecho. Tu corazón físico, el cual late al ritmo de tu propia singularidad, actúa como ancla de este increíble chakra que ensalza el amor y la sanación por encima de todo.

Irónicamente, en sánscrito, el significado de *anahata* sintetiza la auténtica naturaleza del amor: difícil de entender, un tanto ilógico, pero que, a pesar de todo, merece la pena experimentarlo. La traducción literal sería «sonido sin percusión».

El amor es concreto, tangible y activo; pero también indescriptible, inefable y escurridizo. Realmente, el amor es como un tono silencioso; sabes que existe, pero no puedes explicar exactamente por qué. Está en todas partes y en ninguna. Encarna la principal motivación de todo ser humano, y al mismo tiempo es el objetivo más difícil de alcanzar.

El amor es la razón por la que un padre se levanta varias veces por la noche y un niño llora sobre la tumba de sus padres. Sin embargo, cuando se nos pide que lo definamos, nos faltan las palabras.

Supongo que ahora entiendes por qué me gusta llamarlo el chakra del «amor silencioso».

Pese a su deslumbrante naturaleza, en realidad los chakras no dejan de ser meros centros energéticos. Cada uno de ellos utiliza frecuencias específicas para controlar una serie de funciones físicas, psicológicas y espirituales. Físicamente, el cuarto chakra está al servicio de los órganos de la zona torácica. Desde un punto de vista psicológico, el chakra del corazón manifiesta tanto tus creencias como tus sentimientos respecto al amor. Espiritualmente, *anahata* funciona realmente como un chakra del amor silencioso, pues nos ayuda a recibir, interpretar y difundir generosamente información intuitiva sobre la sanación y la gracia.

El ancho de banda de las frecuencias vinculadas a tu cuarto chakra suele percibirse de color verde. No podría haber un tono más adecuado, ya que ¿no imaginamos el color verde cuando pensamos en las hojas de un árbol que buscan el sol, incluso cuando está lloviendo a cántaros? Ésta es una gran analogía del amor: siempre lo buscamos, al margen de las circunstancias. El cuarto chakra actúa como sala de operaciones del amor, transformando constantemente cualidades negativas, como la codicia y el egoísmo, en verdades como la compasión y el perdón. Y ante los reveses de la vida, este chakra nos renueva, impulsándonos a deshacernos de lo viejo y estancado, y a acoger en nuestra vida lo innovador y brillante.

¡Me encanta que todo este libro esté dedicado a la exploración de tu cuarto chakra! Además, es el cuarto libro de una colección de ocho titulada «Los principios básicos del chakra de Llewellyn».

Ésta minicolección dedicada a los chakras comenzó con el primer chakra (el chakra raíz). Rojo como el fuego, el chakra raíz gobierna el bienestar físico y la necesidad de seguridad. Con el segundo libro, nos desplazamos hacia arriba desde la región de la cadera, la morada del primer chakra, hasta el abdomen, donde se sitúa el segundo chakra (el chakra sacro). Tanto las emociones como el potencial creativo circulan por el interior de esta caldera que brilla con un color naranja intenso. Desde el chakra sacro nos desplazamos al chakra del plexo solar. Amarillo y brillante como el sol, este tercer chakra es el encargado de potenciar nuestra mentalidad y garantizar el éxito a todos aquellos a los que ilumina con su luz. Y ahora hemos llegado al cuarto escalón, el del chakra del corazón.

Los próximos tres libros de la colección te permitirán profundizar aún más en los secretos de tus chakras corporales. El octavo libro estará dedicado a cinco chakras externos o extraordinarios. Más adelante volveremos a hablar de ellos.

Aunque a la mayoría de la gente le gusta el orden, al universo también le agrada la creatividad. No es necesario que leas todos los libros de la colección en su orden de publicación. Cada chakra es un ecosistema en sí mismo, por lo que puedes adentrarte en él cuando lo desees.

Todos los seres humanos, y la mayoría de los seres vivos, disponen de siete chakras corporales situados a lo largo de la columna vertebral. Están numerados del uno al siete a medida que ascienden desde el coxis hasta la parte superior de la cabeza. Cada chakra, además de llevar a cabo sus propias funciones sagradas, también interactúa de forma continua con los otros chakras a través del sistema nervioso central, compuesto por la columna vertebral y el cerebro.

A modo de contextualización, debemos darles las gracias a los antiguos hindúes por el término *chakra*, ya que se empleó por primera vez en el valle del Indo con el significado de «ruedas giratorias de luz». El término es adecuado, pues describe a la perfección el hecho de que cada uno de los chakras se encuentre en constante movimiento, vinculando cuerpo, mente y alma, además de acceder a las diversas dimensiones, de ahí que se tenga la percepción de que un chakra es como un derviche o vórtice que no deja de dar vueltas. Asimismo, la progresión de los chakras desde la base de la columna hasta la parte superior de la cabeza es comparada a menudo con una escalera que lleva a la iluminación.

Cada movimiento de los chakras –cada paso hacia arriba en la escalera– nos acerca un poco más a la posibilidad de resplandecer como la brillante luz que realmente somos.

La hindú no fue la única cultura antigua que adoptó los conceptos de los chakras y los cuerpos. El concepto existe desde tiempos inmemoriales y en distintas partes del mundo como, por ejemplo, en sociedades antiguas como la maya, la azteca, la cheroqui, la lakota, la hebrea, la bereber, en el seno del kemetismo africano y numerosas culturas asiáticas. Prácticamente todas las civilizaciones que he tenido la oportunidad de estudiar –y tengo un libro de 1 000 páginas completamente anotado con datos y representaciones de los chakras– ha reflexionado en algún momento u otro sobre la existencia de estructuras parecidas a los chakras. Dichas estructuras casi siempre se describen como vehículos que sirven para almacenar los recuerdos y los programas que nos rigen.

Todas las culturas mencionadas anteriormente comparten la idea central de que los chakras son centros energéticos. La energía es información en movimiento y, según la ciencia, todo está hecho de energía. Ahora bien, existen dos tipos de energía. Muy poca, menos del 1 %, es energía física medible, mientras que más del 99,9999 % es energía sutil, también llamada espiritual, cuántica o psíquica.[1] Fundamentalmente, los chakras son centros de energía sutil, y como tales, son los encargados de gestionar la energía invisible que, en última instancia, determina lo que acaba convirtiéndose en la realidad tridimensional.

Los chakras no son las únicas estructuras energéticas sutiles. Existen otros dos tipos, y la mejor manera de presentarlas es comparándolas con los sistemas corporales.

Tu cuerpo físico, que es el encargado de supervisar tus energías físicas, está compuesto por tres estructuras básicas: los órganos (como el hígado y el corazón), los canales (por ejemplo, los vasos sanguíneos y linfáticos) y los campos o vibraciones oscilantes (como las ondas cerebrales).

Asimismo, también disponemos de un cuerpo sutil que controla las energías sutiles. Recibe el nombre de anatomía energética sutil y también consta de tres estructuras básicas. Los órganos más importantes del cuerpo sutil son los chakras, los canales principales son los meridianos y los nadis, y los grandes campos de interés son los campos áureos, que nos rodean y se generan a partir de los chakras.

---

1. Ali Sundermier: «99.9999999 % of Your Body Is Empty Space», *Sciencealert*, 23 de septiembre de 2016. www.sciencealert.com/99-9999999-of-your-body-is-empty-space

Los meridianos atraviesan el tejido conjuntivo, haciendo circular las energías sutiles por todo el cuerpo. La medicina tradicional china y otras modalidades de sanación orientales suelen utilizarlos.

El término *nadis* es de origen hindú y designa los canales energéticos que se extienden de forma paralela a los nervios. Los dos tipos de canales intercambian constantemente energía con los chakras.

El tercer elemento de la triada del cuerpo sutil son los campos áureos, los cuales también reciben el nombre de capas áureas.

Cada chakra emana su propio campo; y todos juntos, conforman el campo áureo, donde cada una de las distintas capas funciona como una vaina protectora para el chakra adyacente. En función de la programación del chakra, el campo áureo determina qué energías sutiles (y a veces físicas) pueden entrar o salir. En este libro descubrirás todos los secretos del cuarto campo áureo, el cual está vinculado a tu cuarto chakra.

A lo largo de esta obra, especialmente en la primera parte, de vez en cuando se hace referencia a un tipo de energía sutil muy especial que afecta tanto a la anatomía sutil como a la física. Nos referimos a la *kundalini,* una energía divina que fluye hacia arriba a través de la columna vertebral y cuya función es la de purificar el cuerpo sutil y el físico e impulsarnos hacia la iluminación.

En sánscrito, *kundalini* significa «serpiente enroscada». La *kundalini* suele representarse como una serpiente roja que se despliega desde el chakra raíz, situado cerca del coxis, y que asciende a través de los nadis y los siete chakras corporales. Durante su ascenso, la serpiente, o kundalini roja, puede provocar importantes trastornos, incluso una catástrofe, ya que desencadena problemas físicos y psicológicos ocultos, pero también nos ofrece la gracia divina necesaria para superar estos desafíos y vivir en un estado activo de la conciencia. En la primera parte del libro nos centraremos en la relación existente entre la kundalini y el cuarto chakra.

Una breve explicación acerca de los chakras externos

Como he prometido antes, ha llegado el momento de hablar del octavo libro de la colección, el cual estará dedicado a los cinco chakras externos. Yo trabajo con un sistema de doce chakras, contrariamente a lo que hacen la mayoría de los sistemas, los cuales presentan únicamente siete chakras, todos ellos situados en el interior del cuerpo. Yo empleo doce porque, de pequeña, era capaz de percibir doce chakras y sus respectivos campos áureos, y además los veía tanto con mis ojos físicos como con mis ojos internos.

Posteriormente, a partir de los veintitantos, empecé a estudiar con curanderos, chamanes, intuitivos y gurús de diversos países como, por ejemplo, Venezuela, Perú, Costa Rica y Marruecos. Muchos de estos expertos también trabajaban con más de siete chakras, y desde entonces he descubierto que varios sistemas antiguos también lo hacían. Sin embargo, si has estudiado los chakras en Occidente, lo más probable es que te hayan dicho que sólo hay siete. Lo cierto es que sistemas de medicina espiritual de distintas partes del mundo describen desde tres hasta decenas de chakras.

Desde que Llewellyn publicó hace años mi primer libro sobre el sistema de doce chakras, el concepto ha ido ganando adeptos en todo el mundo. Estoy segura de que disfrutarás interactuando con tus cinco chakras externos. Profundizar en el conocimiento de estos chakras te proporcionará una increíble intensidad en la comprensión tanto de ti mismo como del mundo que te rodea. Por ejemplo, uno de estos chakras superiores potencia las capacidades místicas e interdimensionales, mientras que otro permite controlar las fuerzas naturales y sobrenaturales.

Por el momento, sin embargo, nos centraremos totalmente en el corazón.

Un breve recorrido por el libro

El libro tiene dos partes. La parte 1, de la que soy autora, contiene tres capítulos, donde se detallan los aspectos fundamentales del chakra del amor silencioso. Pese a que en estos capítulos se exponen básicamente los antiguos conocimientos de la tradición hindú, también se incluyen otras fuentes que aportan una enriquecedora información. En esta primera parte también encontrarás ejercicios prácticos que te ayudarán a asimilar el material.

En el capítulo 1 expongo el propósito general, la ubicación, los nombres, el color y el sonido de *anahata*. También hablo de los elementos relacionados, la respiración, los pétalos de loto, el dios y la diosa asociados, etc.

El capítulo 2 se vuelve más físico, literalmente, pues en él me refiero a la biología. Arraigado en su propia zona espinal, este chakra está vinculado asimismo con una glándula endocrina y otras partes del cuerpo. En este capítulo se describen los sistemas físicos que se encuentran bajo su protección, así como las enfermedades que pueden producirse si este chakra no está alineado. Posteriormente, en el capítulo 3, emprenderé otra odisea, en esta ocasión con las funciones psicológicas y espirituales del cuarto chakra.

En la segunda parte te entregaré a un grupo de nuevos y maravillosos amigos, cada uno de los cuales tratará un tema específico y te proporcionará ejercicios prácticos que te ayudarán a mejorar tu cuarto chakra. Un autor te ayudará a familiarizarte con los aliados espirituales de tu cuarto chakra, otro te enseñará posturas de yoga basadas en el corazón, y así sucesivamente. Gracias a ellos, descubrirás todos los secretos sobre las meditaciones guiadas del cuarto chakra, remedios vibracionales, piedras, sonidos, formas, colores e incluso recetas. En muy poco tiempo, tú también serás capaz de sintonizar con los sonidos de tu chakra del amor silencioso, la fuente de los misterios y del significado de la vida.

Primera Parte

Establecer la base del conocimiento de tu cuarto chakra

Inhala profundamente hasta llenar tu pecho. Suelta el aire. Durante los próximos instantes, sé consciente de que sólo el amor entrará y saldrá de este espacio; un amor auténtico, real, incondicional. Mientras sigues respirando profundamente, imagina que el amor ilumina tu pecho, el lugar donde está ubicado el chakra del corazón. Fíjate en los colores que emanan de él. Puede que veas o percibas tonalidades verdes (un hermoso y deslumbrante verde natural), o tal vez reflejos rosas o dorados. Quizá hayas adornado esta zona con otros matices. El amor tiene, y se refleja en, múltiples matices del arcoíris.

Mientras te dejas llevar por el caudal de amor que se extiende por tu pecho, deja que ese amor se intensifique hasta que empiece a fluir por todo tu cuerpo e irradie tu entorno. De este modo, te desharás de todo lo que no sea amor, y el universo aprovechará esa energía, transformándola en bienestar para los demás.

Acabas de activar el proceso que te permitirá limpiar y recargar tu chakra del corazón. ¿Cómo te sientes? Antes de terminar con este proceso, permíteme que te guíe a través de un último paso.

Vuelve a situarte en el recinto interior de tu chakra del corazón, en la morada del amor puro, y presta atención al sonido del amor que resuena dentro de ti. Es posible que oigas de forma intuitiva o percibas las vibraciones de un tono, una canción o un susurro poético. O tal vez sólo seas consciente del silencio, del «sonido sin percusión» de *anahata* al que hace referencia el término en sánscrito.

A continuación, termina el ejercicio con un sonido real mediante cualquier tipo de exclamación que te sientas impulsado a pronunciar: un gruñido, un cántico, un grito, un siseo o un simple silbido, lo que te resulte más satisfactorio y significativo. Una vez hecho esto, vuelve a ocupar todo tu cuerpo y continúa con tu día a día.

Tu chakra del amor silencioso es increíble, ¿verdad? Tú también lo eres, sobre todo cuando vives desde ese lugar del yo, el otro y el amor divino.

Tu cuarto chakra es un centro energético muy sutil que rige las relaciones, el amor y la sanación, además de muchas funciones corporales. Dentro de sus dominios se encuentran órganos como el corazón, los pulmones, los senos y otras zonas esenciales para tu salud y bienestar. En cuanto decidas llevar a cabo una purificación integral y empezar a operar desde el espacio del corazón, descubrirás que las cualidades espirituales que apelan al amor, como, por ejemplo, la fe, la esperanza, la verdad, la apreciación y la gratitud, se convierten en tus principales pilares. En este punto, podrás dar cabida dentro de ti a tu auténtica esencia espiritual, lo que te permitirá encarnar todo ese amor tanto en tu propio beneficio como en el de los demás.

A través de la energía de este chakra, aprenderás a tomar decisiones más allá de los límites del karma o de las enseñanzas frustradas sobre el amor. Aprenderás a seguir de verdad los dictados de tu corazón y a servir sin preocuparte por los deseos de las regiones inferiores. Aunque, naturalmente, esto tiene un precio, te aseguro que merece la pena. En el interior del chakra del amor silencioso nos enfrentamos al lado oscuro de la vida —a la lujuria, a la intransigencia, a la ansiedad—, pero a través de la devoción, la compasión y el honor conseguimos superarlo todo.

Gracias al despertar de *anahata*, comprendes que dentro del vacío de silencio de este centro energético eres capaz de trascender cualquier tentación de recurrir a la violencia. Aquí lo importante son única y exclusivamente los asuntos del corazón, asuntos que empiezan y terminan con amor.

Bienvenido a la primera parte del libro, una suerte de mapa para guiarte en tu búsqueda de conocimientos sobre el cuarto chakra. En esta parte, hablaremos de los tres niveles principales de los poderes de tu chakra del corazón: el físico, el psicológico y el espiritual.

Los tres capítulos que componen esta sección abordan los aspectos fundamentales necesarios para comprender la naturaleza del cuarto chakra. En el primer capítulo, nos detendremos brevemente en el conocimiento heredado de la cultura hindú, además de fijarnos en otras facetas de los chakras a partir de fuentes mucho más recientes. En el capítulo 2, exploraremos la naturaleza física del chakra del corazón. En el capítulo 3, destacaremos el esplendor de las cualidades psicológicas y espirituales de este chakra. Al final, el sonido silencioso del amor resonará con la intensidad necesaria para que puedas descubrirte a ti mismo como un ser hecho de amor.

1
Aliados espirituales

Piensa en todo el tiempo que dedicamos a nuestro corazón. Y no me refiero sólo al corazón físico, aunque cada vez que somos conscientes de sus latidos, recordamos la gran importancia que tiene dicho órgano para nuestro cuerpo. Me refiero más bien al corazón en tanto conciencia y búsqueda del amor, sanación y transformación, es decir, la capacidad de aceptar y ofrecer cosas buenas.

El chakra del corazón es un centro energético sutil encargado de regular diversos aspectos de tu bienestar físico, psicológico y espiritual.

En el interior de este centro energético residen las ideas y los programas encargados de crear una actitud receptiva ante las relaciones, tanto contigo mismo y con los demás, como con aquello que algunos denominamos Espíritu. A lo largo de los años, he descubierto que mucha gente considera que el propósito de la vida es establecer relaciones, y el chakra del corazón es una buena prueba de ello. Una de las principales razones por las que resulta tan importante llegar a comprender plenamente la naturaleza del chakra del amor silencioso es que es fundamental para poder disfrutar de los pequeños placeres de la vida. Sean cuales sean tus deseos más profundos, en cierto modo, todos ellos se basan en las relaciones y el amor.

En este capítulo, compartiré contigo una historia real acerca del poder del chakra del corazón. Posteriormente, diversas secciones te mostrarán las virtudes ocultas de este todopoderoso chakra.

Gran parte de la información procede de ideales y reflexiones hindúes acerca del cuarto chakra. Esta antigua sabiduría abarca miles de años de experiencia y conocimientos. Aunque resulta profundamente inspirador recibir una enseñanza tradicional por parte de nuestros mayores, especialmente en asuntos del corazón, de vez en cuando, introduciré perspectivas más modernas. Este tipo de reflexiones están pensadas para que los datos que presento a lo largo del libro tengan una aplicación práctica en tu vida cotidiana.

Toda enseñanza adquiere un mayor sentido cuando se ve reflejada en la práctica. Por eso, intercalados con la información teórica, encontrarás ejercicios que te permitirán adentrarte de forma clara y reflexiva en tu cuarto chakra.

Ha llegado el momento de cruzar el portal del amor.

La esencia de tu cuarto chakra

Los amigos de Marvin le habían apodado «Marvel» porque todo en su vida parecía mágico.

Marvin era un corpulento afroamericano que había sido una estrella del fútbol en la universidad, pero que se había visto relegado al banquillo por culpa de una grave lesión muscular. Sin embargo, aquello no le detuvo. Mientras estudiaba un posgrado, empezó a hacer de ayudante de entrenador. Poco después, se casó con su novia de la universidad, con la que tuvo dos hijos. Con el tiempo, llegaría a convertirse en el vicepresidente de una empresa que formaba parte de la prestigiosa lista Fortune 500.

Fue entonces cuando vino a verme.

Marvin, o Marvel, como él mismo se presentó, no quiso revelarme la auténtica naturaleza de sus problemas; tan sólo mencionó que sufría una leve arritmia cardíaca. Desde un punto de vista fisiológico, la arritmia es un trastorno de la frecuencia cardíaca, y puede tener diversas causas médicas. En el reino de la energía sutil, las arritmias suelen aparecer cuando el corazón late por dos «amos». Es posible que la persona haya establecido vínculos con dos amores distintos que rivalizan y no sepa qué hacer.

Cuando le hablé de esa posibilidad, Marvel se quedó callado, y entonces me pidió que llevara a cabo mi trabajo intuitivo y compartiera con él mis impresiones.

En pocas palabras: percibí en él dos áreas vitales que estaban tirando de su corazón (o de su chakra del corazón) en direcciones opuestas. Aunque quería a su mujer, percibí de forma intuitiva que también estaba enamorado de otra persona, concretamente, de un hombre. Como si eso no fuera suficientemente estresante para él, había otro elemento que también tiraba de su corazón: aunque se le daba bien su trabajo y estaba orgulloso de su éxito, echaba mucho de menos el fútbol.

Marvel me preguntó cómo podía saber todo aquello de él. Le expliqué que mi don consistía precisamente en eso: ver imágenes intuitivas y recibir mensajes psíquicos de lo que yo creía que eran sus guías espirituales. Y lo que era aún más importante, estaba convencida de que su corazón me había hablado directamente a través de mis sentidos místicos.

Le dediqué a Marvel varias sesiones. A medida que abordábamos las cuestiones culturales y familiares que le condicionaban a ser heterosexual en lugar de gay y de ganarse la vida en el mundo empresarial en lugar de hacerlo con el deporte, su corazón empezó a latir de una forma menos errática. Su cardiólogo le había aconsejado esperar, por lo que aún no había empezado ningún tratamiento. Mientras trabajaba conmigo, Marvel también visitó a su terapeuta y participó en varias sesiones de terapia de pareja con su mujer, a la que llamaré Alice.

Gracias a toda la ayuda que estaba recibiendo, Marvel empezó a plantearse la posibilidad de tomar ciertas decisiones importantes en su vida. Al cabo de unos meses, se matriculó en un máster en entrenamiento y coaching deportivo, que hizo mientras seguía dedicándose a sus ocupaciones empresariales. Y poco después tomó una decisión radical.

—Voy a volver al terreno de juego –me anunció, aunque no lo hizo como jugador, sino como entrenador. También inició el proceso para separarse de su mujer.

Por su parte, Alice adoraba a Marvel. Después de que éste le contara las decisiones que había tomado, Alice vino con él a una de nuestras sesiones, donde reconoció que a menudo había tenido dudas acerca de su identidad sexual. También confesó que le quería tanto que estaba dispuesta a apoyarle en todo lo que hiciera.

Tras dos años viviendo separados, se divorciaron de forma amistosa. Marvel terminó el máster mientras entrenaba a un equipo universitario e iniciaba una relación sentimental con un hombre. Como resultado de todo esto, su ritmo cardíaco se estabilizó. Con el tiempo, le ofrecieron un puesto de entrenador aún mejor. Marvel atribuye su salud cardíaca al hecho de haberse sincerado, sobre todo consigo mismo.

El chakra del corazón sabe qué necesitamos exactamente. Lo único que debemos hacer es aprender a mirar y escuchar.

Objetivo global

Anahata es el centro energético del amor incondicional y de las relaciones adecuadas, allí donde se inicia la sanación cuando la necesitamos. En pocas palabras, es el templo de la honestidad con uno mismo y la compasión.

El nombre lo dice todo: Términos para el cuarto chakra

Como hemos dicho en la introducción, *anahata* puede traducirse como «sonido sin percusión». También puede significar «ileso» e «invicto».

Otro nombre para *anahata* que encontramos en los Upanishads, antiguos textos hindúes escritos en sánscrito, es *dwadashara chakra*.

Ubicación del cuarto chakra

El cuarto chakra está situado entre los dos pechos y está alineado con el *nadi sushumna*, que es básicamente la columna vertebral. Este nadi también se considera la fuente del sonido del chakra del corazón. El cuarto chakra divide el cuerpo entre el hemisferio inferior y el superior; los centros situados por debajo de él representan las formas de conciencia más primitivas, como, por ejemplo, las relacionadas con el mundo físico y la búsqueda del placer. Se cree que los chakras superiores, es decir, aquellos que están por encima del *anahata*, interactúan con los reinos consagrados a la conciencia espiritual.

El color del cuarto chakra

Cada chakra vibra con su propio grupo de frecuencias. Podría decirse que un chakra es una banda de frecuencia compuesta

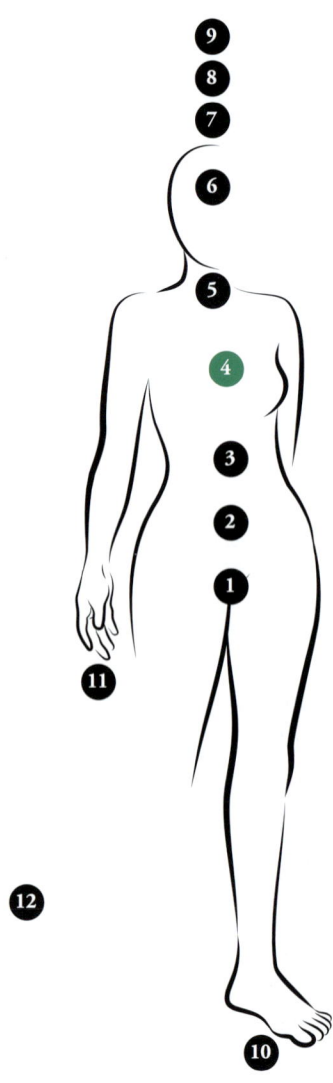

Figura 1: El sistema de doce chakras.

por un determinado espectro de colores y una gama de sonidos. Hablaré del sonido (y del silencio) del chakra del amor silencioso en la siguiente sección; a continuación, pasaré a describir la coloración del cuarto chakra.

El cuarto chakra suele procesar las energías del espectro verde. El color verde representa la energía de la sanación y la renovación, fomentando la regeneración, el descanso y la seguridad. El verde también nos ayuda a equilibrar los dos hemisferios del cerebro, estabilizando la mente cuando está excesivamente agitada. No debemos olvidar que el verde es la mezcla de otros dos colores: el azul y el amarillo. Los tonos azules son relajantes, mientras que los amarillos son estimulantes. Por lo tanto, el color verde es un híbrido realmente útil que sirve tanto para estimular los nervios y las glándulas, lo que promueve la actividad física, como para ayudarnos a relajarnos si nos estresamos demasiado.

Evidentemente, existen varios tonos de verde. Los verdes claros están salpicados de luz solar y alegría; los oscuros otorgan crecimiento y serenidad. Como todo en la vida, los distintos tonos del verde también pueden provocar reacciones negativas. Un verde turbio puede indicar lentitud de pensamiento o un estado de ánimo depresivo, mientras que un verde entre grisáceo y musgo puede estar asociado con la envidia, el materialismo y la codicia. Si quieres disfrutar al máximo de tu vida amorosa, y eso incluye las relaciones contigo mismo, con los demás y con la Divinidad, muéstrate flexible con los verdes positivos.

Hay un color secundario asociado al chakra del corazón: el rosa. Éste es un color relajante que indica que el corazón de una persona está al servicio de fines más elevados. De vez en cuando, conozco a alguien cuyo chakra del corazón tiene un intenso color dorado. Creo que eso indica que la persona está dedicada al servicio de los demás.

En el capítulo 12, disfrutarás descubriendo la variedad de colores que pueden reforzar tu cuarto chakra.

Sonido del cuarto chakra

Según las enseñanzas hindúes –y de muchas otras culturas antiguas–, cada chakra resuena con un tono único. Como una campana, este sonido refleja la verdad oculta de un determinado chakra, y cuando se estimula, favorece el equilibrio y la limpieza.

A estos tonos se los conoce como *bijas* (sonidos de semillas). Otro término para estos armónicos de los chakras es *bija mantras* (sonidos maestros). Cuando se repite en voz alta o internamente, el mantra incentiva un estado meditativo. En lo referente a tu cuarto chakra, puedes emplear su sonido sagrado para todo tipo de propósitos inspiradores. En el capítulo 11, aprenderás algunos consejos sobre diversas prácticas relacionadas con el sonido.

En los círculos espirituales modernos, el chakra del corazón se ha relacionado con la nota *fa* de la escala musical. Es el cuarto paso de una secuencia que empieza con un *do* en el primer chakra, continúa con un *re* en el segundo y suena como un *mi* en el tercero.

Desde una perspectiva hindú tradicional, su *bija* correspondiente es *Yam*. Si quieres recitarlo, has de saber que el sonido de este chakra del amor se pronuncia «yum».

Cada sílaba de la semilla está asociada con un dios y una diosa del panteón hindú. En el *bindu* (punto) sobre la sílaba *Yam*, que es de color gris oscuro, reside el dios Ishana Rudra Shiva, también conocido como *Isvara*. La diosa relacionada con este sonido y con el cuarto chakra es Kakini Shakti. Más adelante, aprenderás más cosas acerca de estas dos deidades.

La relación entre el sonido y el chakra del amor silencioso es más compleja y bonita de lo que puede llegar a explicarse mediante la mera comprensión del *bija*. Recuerda que *anahata* significa «sonido sin percusión», además de sus otras posibles traducciones, como ileso o invicto. Una de las razones de estos conceptos es que, a medida que las diversas formas de *prana*, o respiraciones vitales, fluyen a través del *sushumna* –el canal energético central que discurre a lo largo de la columna vertebral– hasta el tercer chakra, los sonidos de semillas del alfabeto aparecen automáticamente en el cuarto chakra. Estos sonidos varían en función de la forma y extensión de los distintos nadis. Cuanto más fuerte sea la presión del aire sobre el chakra, más potente será el sonido de semillas. Es importante destacar que los sonidos de estas letras se generan sin fricción externa, del mismo modo en que se crean las ondas sonoras, de ahí el término «sonido sin percusión».

PRÁCTICA

Mantra para crear paz en lugar de miedo

El corazón es especialmente sensible al miedo. Cuando estamos asustados, el ritmo cardíaco se acelera y los pensamientos negativos nos dominan. En un estado como éste, es fácil preocuparse por el futuro y aferrarse a los errores del pasado.

El siguiente mantra resulta muy útil para deshacernos del miedo y obtener una sensación de paz. Puedes entonarlo tantas veces como sea necesario, en voz alta o repitiéndolo en tu cabeza.

Om shante sarvarishta nashini swaha
(pronunciado *Om SHANT-tay*
sar-VAR-ish-ta na-SHIN-i SUA-a)

Se trata de un mantra muy antiguo, místico y de múltiples niveles. Ésta es una de sus posibles traducciones:

Oh, Sagrado, hacia la paz, hacia la paz.
Tú eres el medio para lograr la eliminación
del sufrimiento. Ésta es la oración que ofrecemos.

El portador del sonido

Todos los chakras están vinculados a un ser que transporta el sonido de ese chakra. La criatura especial que transporta a *Yam* es el antílope negro o gacela, el cual simboliza la ligereza de la sustancia física.

El antílope negro es un animal increíblemente veloz que está relacionado con el elemento aire y con Púrusha, el Ser Supremo, del que hablaremos un poco más adelante en este mismo capítulo en relación con los *yantras*, o símbolo general de los chakras.

Detengámonos a considerar las cualidades de este animal. Los antílopes son tímidos y gráciles, lo que implica una espiritualidad que evita el egocentrismo. Son elegantes y esbeltos, con unas pezuñas pequeñas y hendidas y unos poderosos cuartos traseros. Es un animal protector, perceptivo y vigilante. Su color negro nos hace pensar en los misterios universales, recordándonos que la vida y el amor siempre ocultan mucho más de lo que podemos ver a simple vista.

Los pétalos de loto y la apariencia

Los pétalos de loto son hermosas ilustraciones que sirven para representar los chakras corporales. Lo que los hace fascinantes es que cada chakra tiene un número concreto de pétalos y un color diferente.

Al margen de su belleza estética, los pétalos de loto también tienen un significado más profundo. Desde el punto de vista de las energías sutiles, los pétalos representan el movimiento en forma de remolino de un chakra.

Cada chakra atrae, procesa y libera las energías sutiles relacionadas con su banda de frecuencias. También interactúa con las energías físicas que se agitan en el interior de ese mismo espectro de frecuencias. Esto significa que los chakras se ven afectados por los movimientos vibratorios de los órganos físicos, los fluidos, las ondas sonoras y la actividad del campo electromagnético (CEM) en sus zonas. Asimismo, se ven afectados por las energías sutiles que se arremolinan dentro y fuera de un ser. Si pudiéramos detener repentinamente las energías en espiral de un chakra, veríamos un remolino con varias ramificaciones del CEM y el sonido. Esas extensiones se parecerían mucho a los pétalos de una flor de loto.

Al concentrarte en la totalidad del loto y en los pétalos específicos de un chakra en particular, absorbes las cualidades espirituales de ese chakra. Un resultado de lo más apropiado teniendo en cuenta que en la India el loto es un símbolo de la vida espiritual. Aunque estas plantas tan resistentes crecen en aguas embarradas, sus flores siempre buscan el sol. La opacidad de la base no oculta la belleza de la parte superior.

En cierto modo, ésta es la historia de la vida. No importa de dónde vengamos, ni del barro o el lodo que pueda haber dominado nuestro pasado, el bien puede aparecer en cualquier momento. El manantial de la vida, que los hindúes relacionan con *maya,* o «ilusión vital», nos invita a nadar a contracorriente para alcanzar –y compartir– nuestra auténtica naturaleza. No hay nada más esencial para el verdadero yo y para la función primordial del mundo que revelar amor y sólo amor.

El loto de *anahata* presenta doce pétalos de color bermellón. Cada uno está marcado con una sílaba: *kam, kham, gam, gham, ngam, cham, chham, jam, jham, nyam, ttam* y *ttham.* Estas sílabas coinciden con los *vrittis* («pensamientos») que surgen de la mente como consecuencia de los sentimientos de la lujuria, el engaño, la indecisión, el arrepentimiento, la esperanza, la ansiedad, el anhelo, la imparcialidad, la arrogancia, la incompetencia, la discriminación y el desafío. Los obstáculos de la vida y de las relaciones son un incentivo para que atravesemos el torbellino de cualidades negativas y emerjamos triunfantes, y con la clara conciencia de las cosas que son realmente importantes.

Los símbolos del cuarto chakra: Los yantras

Un yantra es un diseño geométrico, una especie de diagrama de las energías sutiles. La cultura india los ha usado desde hace más de 13 000 años para ayudar a la meditación.

Normalmente, los yantras son personificaciones de determinados dioses o diosas. La idea es que, cuando nos concentramos en un yantra, que puede ser una representación en papel o una visualización en tu mente interior, entramos en contacto con la deidad. Ésta, a cambio, puede proporcionarnos sanación y consejos. Los yantras también pueden favorecer determinadas tareas o promesas. Algunos de estos compromisos pueden ser conscientes, pero otros podrían haber sido contraídos por tu alma antes de que nacieras para reafirmar el compromiso de alcanzar tu propósito vital o expresar tu auténtica naturaleza.

La flor de loto en el interior del yantra del cuarto chakra, o símbolo del chakra, es de color gris humo, tiene doce pétalos y contiene una *shaktona*, un símbolo de la unificación de lo masculino y lo femenino. Está compuesta por diversos triángulos superpuestos que se entrecruzan para crear un hexagrama. El triángulo superior simboliza a Shiva, una de las principales deidades del hinduismo. El triángulo inferior es Shakti, una gran diosa. En el hinduismo, las deidades tienen diversas representaciones. Los detalles del yantra del cuarto chakra apuntan a Púrusha (un término para referirse al Ser Supremo) y Prakriti (la madre de la materia). La deidad de esta zona se llama Vayu, de color humo y con cuatro brazos. En una mano sostiene un *angkusha*, «aguijada» (vara larga utilizada para arrear a los animales) y monta un antílope, que es el portador del sonido de este chakra.

Este chakra está vinculado al *bhana lingam*, que describiremos con más detalle en la sección dedicada a los *granthis* en este mismo capítulo. Se trata de un nudo energético que debemos deshacer para permitir el ascenso de la kundalini, la energía vital divina.

Elemento bruto

Según muchas religiones, la materia está compuesta de diferentes elementos. En las religiones orientales, se cree que existen cuatro elementos básicos: tierra, agua, fuego y viento/aire. Muchos sistemas añaden un quinto elemento: el espacio. El elemento del cuarto chakra es el aire.

El aire, un elemento invisible, es una fuerza poderosa que nos afecta tanto interiormente como al mundo que nos rodea. Tradicionalmente se le han atribuido cualidades como la ligereza, el movimiento y la claridad. A menudo, lo relaciono con la actividad mental, pues el aire puede transportar, transferir y liberar ideas.

La vinculación del aire con el chakra del amor silencioso es más que apropiada, ya que este elemento suele estar relacionado con la respiración, la cual entra en el cuerpo a través de los pulmones, uno de los órganos que se encuentran en la zona del chakra del corazón. El aire también es considerado un elemento adecuado para el chakra del corazón porque a *anahata* a menudo se la denomina la sede del alma, algo que, personalmente, me parece poético y práctico a la vez; ¿dónde si no podría estar mejor el alma de una persona que en el hogar del amor?

Color del elemento bruto

Como he señalado antes, el elemento bruto o principal del cuarto chakra es el aire. Existen diversos colores (o su carencia) asociados con el elemento aire. Éstos son el incoloro, el gris y el verde pálido.

Piensa en lo escurridizo que es el aire. A veces está inmóvil, pero otras se comporta con una violencia incontrolable. Esto hace que sea muy difícil representarlo con un solo color, y por eso las tonalidades que lo describen van desde la ausencia de color, pasando por un gris plateado o turbio, hasta un verde diluido.

El sentido predominante y el órgano sensorial

Todos los chakras corporales están asociados con un sentido y un órgano sensorial. Esta información, así como la existencia de un órgano activo (descrito en la siguiente sección), procede de *El poder serpentino y los chakras*, de sir John Woodroffe.[2] Este libro pionero, basado en antiguos textos hindúes, introdujo oficialmente los chakras en el mundo occidental a principios del siglo xx.

En su libro, Woodroffe explica que en el mundo oriental los sentidos se consideran puertas de acceso a las experiencias mundanas. Aunque los sentidos (*indriya*) están asociados a los órganos sensoriales (*jnanendriya*) para respaldar al cuerpo físico, en realidad, estos órganos se consideran un instrumento para potenciar la mente. Un yogui, por ejemplo, puede utilizar un sentido sin recurrir al órgano sensorial.

La asociación entre un sentido y un órgano sensorial mediante la actividad sutil no significa que el sistema físico sea menos importante. Una vez hecha esta aclaración, cabe decir que el sentido asociado a *anahata* es el tacto, y el órgano sensorial, la piel.

Piensa en lo importante que es el tacto para nuestro bienestar. Los bebés que no reciben suficientes caricias o que no se los toca con el cariño que necesitan pueden sufrir problemas de desarrollo e, incluso, morir de hambre. Así de importante es el tacto tanto para el cuerpo como para el alma.

Evidentemente, hay caricias sanas y otras que no lo son tanto. Estas últimas son aquellas sobre las que solemos advertir a nuestros hijos. Si en algún momento de tu vida has sido víctima de tocamientos abusivos, puede resultar difícil distinguir cuándo deseas que te toquen y cuándo no o qué hacer si alguien te está haciendo daño o amenazando. El chakra del corazón es el auténtico centro del amor, y como su función es la de albergar el alma, puede ayudarte a distinguir entre el contacto deseado y el no deseado.

---

2. Arthur Avalon (seudónimo de John Woodroffe): *El poder serpentino y los chakras,* Ela Editorial, 2021. a803206.us.archive.org/3/items/TheSerpentPowerByArthurAvalon/The%20Serpent%20Power%20by%20Arthur%20Avalon.pdf

Algunas personas están dispuestas a tolerar el contacto desagradable porque anhelan cualquier tipo de conexión. Como hemos dicho antes, tu corazón sabe que sólo mereces amor, por lo que te ayudará a decir que no o sí en función del contexto y la situación.

Órgano activo

Todos los chakras corporales están conectados con un órgano activo. Es la parte del cuerpo que aporta energía física al chakra y que lo llena de vigor y vitalidad. El órgano activo de tu cuarto chakra es tu aparato genital.

Según John Woodroffe, el órgano activo (*karmendriya*) del chakra del corazón son los genitales. Sería más lógico suponer que el órgano activo relacionado con la zona pectoral son las manos, pues éstas se extienden desde el chakra del corazón, o los pulmones, los cuales están directamente relacionados con la oxigenación del sistema cardiovascular. Los órganos activos, no obstante, deben entenderse en relación con los sentidos. Como explica Woodroffe, un órgano activo es una reacción a una sensación. En el caso del chakra del corazón, nuestro aparato genital responde a nuestra necesidad de procrear, lo que podría interpretarse como uno de los deseos del corazón que, sin duda, está relacionado con el tacto y la piel.

Piensa en la cérvix. Tanto el corazón como el cuello uterino reflejan apertura y vulnerabilidad. Los testículos no están protegidos por el sistema óseo; por tanto, cuando se utilizan en el acto sexual, quedan completamente expuestos. De hecho, todo acto sexual, independientemente cuál sea el género o la identidad sexual de los miembros de la pareja, consiste en proporcionar y recibir intimidad a través del contacto. El poder unificador del amor debe disfrutarse con la mayor asiduidad posible dejando de lado las restricciones impuestas por el ego y propiciando la calidez y la conexión. En términos generales, podemos afirmar que el sistema reproductor sirve para difundir la vida. Si unimos esta capacidad de dar vida con el amor del corazón, incluso cuando no estemos involucrados en la actividad sexual, estaremos creando más amor tanto para nosotros mismos como para los demás.

Respiración vital

En el hinduismo, la fuerza vital recibe el nombre de *prana*. El prana es una energía real, pero etérea que circula a través de todos los seres vivos y que permite la vibración, actividad y pervivencia de nuestra propia vida. También es conocido como aliento espiritual, respiración vital y principio vital. Aunque se considere al prana una energía sutil, su manifestación más obvia es la respiración.

Muchos de los chakras también están vinculados con una forma específica de vientos vitales. Éstos reciben el nombre de *vayus* y son cinco. Los cinco vientos mágicos soplan juntos, formando patrones de flujo energético, para liberar bloqueos, fortalecer los chakras, nutrir el *sushumna*/columna vertebral y expandir la conciencia de tu alma. Curiosamente, el viento de tu *anahata* es el prana, la más vital de todas las fuerzas vitales. Cuando el *prana vayu* está desequilibrado, puedes sufrir ansiedad, falta de energía, una respuesta inmunitaria deficiente, insuficiencia respiratoria, mala circulación y muchos otros problemas. Cada vez que inhalas profundamente, llenas todo tu cuerpo sutil y físico de prana, sin olvidar que una parte de éste acaba en tu chakra del corazón. Las exhalaciones liberan todo tipo de toxinas de todo tu ser y, especialmente, de tu chakra del corazón.

Atributo

Un atributo es una cualidad. Cada chakra corporal está asociado con una cualidad específica que se relaciona con su portador del sonido. El ser sónico especial para el chakra del corazón es el antílope negro, cuyo principal atributo es la inquietud.

No solemos considerar la inquietud como una característica positiva, pero en realidad se trata de un rasgo muy importante. Cuando estamos en un estado de inquietud, estamos dispuestos a actuar, a probar cosas nuevas. La inquietud también nos permite ser conscientes de los peligros y las oportunidades, y así poder movernos con la agilidad y la velocidad del antílope. Agradece los momentos en los que tu chakra del corazón está inquieto y sigue esa inclinación.

Diosa dominante

Kakini Shakti gobierna el chakra del corazón. Con su piel de color rosa y su sari azul cielo, está sentada sobre un loto rosa y sostiene una espada, un escudo, una calavera y un tridente. Es la guardiana de tu chakra del amor silencioso como tal, se mueve como el aire por todo tu cuerpo, infundiéndote amor. También es la diosa de la música espiritual, la poesía y el corazón, todos los sonidos (y los no sonidos) del amor, permitiendo que tu cuarto chakra funcione como una semilla que engendra continuamente todo el árbol del ser.

Dios dominante

El dios asociado a *anahata* es Ishana Rudra Shiva, a veces también llamado Isvara. Pacífico y benévolo, tiene la piel azul alcanforada. En la mano derecha sostiene un tridente y, en la izquierda, un tambor. Su larga melena simboliza el río Ganges, una corriente de autoconocimiento que entona el mantra «Yo soy eso». Las serpientes enroscadas alrededor de su cuerpo representan las pasiones que él ha logrado dominar. A sus devotos les otorga sabiduría y abundancia, y a todos nos vendrían muy bien ambas cosas.

Planeta dominante

Hemos dicho que el chakra del corazón está relacionado con los genitales y con el amor, así que, por supuesto, su planeta dominante es Venus. Como planeta del amor, el placer y la belleza, Venus es el más adecuado para las cuestiones del corazón.

El *granthi* (nudo) y el *linga*

El chakra del corazón alberga dos estructuras energéticas muy importantes. La primera es el *granthi* y la segunda, el *linga* o *lingam*.

Granthi significa «nudo» y «duda» en sánscrito. En relación con *anahata,* y con un yogui dedicado al surgimiento de kundalini y el proceso de iluminación, un *granthi* es un nudo o rompecabezas que debe ser desatado. Los *granthis* son nudos psíquicos que, cuando se deshacen, permiten el libre flujo del prana y la elevación de la conciencia del alma por el cuerpo.

Hay tres *granthi* asociados con los chakras: el *Brahma granthi*, situado en el primer chakra; el *Rudra granthi*, vinculado al sexto chakra, y el *Vishnu granthi*, situado en el cuarto chakra.

El *Vishnu granthi* está asociado al *uddiyana bandha* (válvula abdominal) del cuerpo. Aunque suele estar vinculado al chakra del corazón, algunos yoguis lo sitúan entre *manipura* (el tercer chakra) y *anahata*. Vishnu es el dios de la conservación, y nos pide que desatemos el nudo para abrir *karuna* (compasión). Al hacerlo, aceptamos la responsabilidad de servir a los demás con devoción y amor, al tiempo que liberamos el deseo de centrarnos en nuestra propia identidad. Este *granthi* está relacionado con el *bhana lingam*, alrededor del cual la kundalini está enrollada tres veces y media.

Un *lingam* es un signo, sello o marca que generalmente representa al dios hindú Shiva. Suele ser la imagen devocional principal de muchos templos hindúes y, a menudo, se representa dentro de una plataforma vertical en forma de disco. Su contrapartida es una plataforma horizontal que simboliza el *yoni,* o aspecto femenino. En general, el *lingam* (en un chakra o como objeto de oración) es el símbolo externo de la materia primordial. En relación con el *yoni*, estos complementos masculinos y femeninos crean la conciencia de unidad. En la cultura hindú, el *lingam* suele adoptar la forma de un falo, enfatizando sus propiedades masculinas.

El bindu de *anahata*, el punto sobre el sonido maestro del chakra, coincide con el extremo del *linga* del chakra del amor silencioso. No se considera atravesado por el *sushumna*, sino que normalmente suele ser visto como un espacio vacío alrededor de un círculo.

El cuerpo energético contiene tres *granthi,* nudos que debemos desatar para que la kundalini pueda ascender. Tienen forma de *lingas* o *lingams*, que son símbolos de Shiva. El chakra del corazón está asociado con el *Vishnu lingam* o *granthi*, aunque a veces también recibe el nombre de *bhana lingam*. Está vinculado con una forma específica de *Rudra Shiva* o *Sadashiva*, que en sánscrito significa «benefactor eterno». También es conocido como *Shabda Brahma,* o el logos o palabra eterna. Como tal, también es conocido como Omkara, es decir, la combinación de las tres *gunas —satuá, rayas y tamas—,* simbolizadas por el tridente que sostiene en la mano.

Una *guna* es una cualidad o propiedad. Estas tres *gunas* están representadas por el universal AUM (u OM). El *Vishnu lingam* es el símbolo de la tarea sutil a través de la cual percibimos el principio vital universal. Suele ser de color rojo o dorado.

Es muy importante desatar el *vishnu granthi* que bloquea el flujo ascendente de la kundalini, ya que el chakra del corazón es el punto donde convergen los tres chakras inferiores, más mundanos, y los tres superiores, más espirituales. Una vez liberada, la serpiente divina puede ascender, reforzando nuestra identidad personal, que seremos capaces de percibir de una forma mucho más clara en el espacio de nuestro corazón. Como resultado de ello, los chakras inferiores podrán florecer de una forma aún más hermosa, y podremos entonar con una mayor armonía nuestra propia canción hacia los chakras superiores.

Campo del áurea

El campo del áurea del cuarto chakra es la cuarta capa del áurea.

En el sistema de los chakras, el cuarto campo del áurea está situado a unos treinta centímetros de la piel, justo por encima del tercer campo del áurea, el cual se ubica encima de la segunda capa del áurea. El primer campo del áurea está fusionado con la piel y se extiende unos dos centímetros alrededor del cuerpo.

El cuarto campo del áurea está controlado por las ideas que se encuentran en el interior del cuarto chakra. Estas ideas conforman una biblioteca de experiencias ancestrales. El *anahata* también contiene registros de tu propia infancia, de tu familia de origen, de las experiencias de tu propia vida, además de normas culturales y sociales y las ideas que las informan. Muchos de los programas del cuarto campo del áurea son negativos, lo que significa que no coinciden con tus ideas espirituales. Sin embargo, podemos transformarlos sanando el cuarto chakra.

En algunas ocasiones, podemos detectar en este campo del áurea problemas en nuestras relaciones que entran dentro de la jurisdicción del cuarto chakra. Los más dañinos suelen estar causados por relaciones desastrosas y abusivas que suelen provocar que nos sintamos poco queridos. Con los ejercicios prácticos que encontrarás en este libro podrás sanar estas heridas de guerra.

El chakra secundario de *anahata:* El árbol celestial de los deseos

Existe un chakra de gran belleza que suele estar asociado con el chakra del corazón. Aunque a menudo es conocido como chakra *surya* o *hrit*, a mí me gusta llamarlo árbol celestial de los deseos.

Pese a estar normalmente asociado con el cuarto chakra, también está vinculado con el chakra del plexo solar porque está ubicado justo debajo del corazón, en el lado izquierdo del plexo solar. Sin embargo, creo que este chakra debería moverse hasta el centro mismo del chakra del corazón para que, de ese modo, podamos acceder a él para que cumpla la que creo que es su función principal: hacer posible los deseos de tu corazón. Después de esta sección, encontrarás un ejercicio práctico que te permitirá llevar a cabo dicha transferencia.

En pocas palabras, el árbol celestial de los deseos suele considerarse el corazón espiritual, el cual se encuentra en oposición con el corazón físico.

El *hrit* tiene su propio loto, el cual recibe el nombre de *anandakanda*, que significa «raíz» o «bulbo de la alegría». Tiene ocho pétalos, cada uno de los cuales representa una emoción: insipidez, cólera, maldad, alegría, movimiento, sexualidad, caridad y santidad. Los pétalos son de color dorado, blanco o rojo y representan ocho superpoderes. *Hrit* significa «corazón», un término de lo más adecuado teniendo en cuenta que este chakra está ubicado en el interior del *chitrini nadi,* en la columna vertebral.

Dentro del *sushumna* hay tres capas o *nadis* interdependientes. La capa exterior, llamada *vajra nadi*, es la capa física densa. Inmediatamente debajo de ésta se encuentra el *chitrini nadi*, que asciende desde el primer hasta el sexto chakra. Se trata de una capa extraordinariamente fina que suele representarse sin mácula alguna, pues se cree que no ha sido contaminada por las impurezas del mundo. Por si te lo estás preguntando, el *nadi* central o más interno es el *brahma nadi,* compuesto de energía espiritual luminosa. El árbol celestial de los deseos mira hacia abajo y podría considerarse que compone la parte inferior de *anahata*.

Este chakra también recibe el nombre de *hridaya chakra*, que significa «el que mora en el corazón», y se considera el punto donde la energía y la materia se encuentran y desde donde emana el aroma de la alegría. Cuando se lo representa de color dorado recibe el nombre de chakra *surya* (sol) y suele quedar asociado al chakra del plexo solar. Esta creencia se sostiene en el hecho de que este chakra proporciona calor al tercer chakra.

El *hrit* cuenta con tres regiones. La primera es una región solar de color bermellón dentro de la cual hay una Luna blanca. En el interior de la Luna hay una región de fuego de un color rojo intenso, y dentro de ésta encontramos al *kalpataru*, un árbol de los deseos de color rojo. Este árbol encantado representa nuestra capacidad de hacer realidad los deseos más profundos de nuestra alma. El árbol, que recibimos como regalo desde el Cielo de Indra, suele representarse con un altar frente a él y un pájaro blanco en una de sus ramas. También suele haber un suplicante arrodillado ante el altar, el cual se dedica a elevar deseos que el pájaro se encargará de trasladar a los cielos para que una deidad pueda concederlos. Los ocho pétalos desempeñan un papel crucial en el encantamiento del árbol; si son dorados o blancos, debemos pedir nuestro deseo sobre ellos. Se dice que este árbol concede a sus adeptos más de lo que desean.

En el budismo tibetano, el chakra del árbol celestial de los deseos está vinculado a las esencias, también llamadas gotas, que tienen su origen en el chakra del corazón. Éstas se disuelven al morir para trasladar nuestra conciencia a nuestras próximas vidas. El árbol de los deseos también desempeña las funciones de un chakra; suele representarse de color blanco y de forma circular, con ocho pétalos apuntando hacia abajo. Su sonido maestro es *Hum*. En la tradición tántrica tibetana, este chakra está ubicado entre el chakra del corazón y el de la garganta.

Independientemente de cómo percibas tu árbol celestial de los deseos, ha llegado el momento de crear un nuevo sueño dentro de él.

PRÁCTICA

Desplaza el árbol celestial de los deseos al chakra del corazón

Normalmente, el árbol celestial de los deseos está ubicado en el lado izquierdo de la caja torácica y en la parte superior del plexo solar. Lo ideal es desplazar este generador de sueños al centro del chakra del corazón para así poder hacer realidad tus deseos más profundos.

- Para ello, respira hondo varias veces y acomódate. Siente los pies en el suelo. Relaja los hombros y los brazos para poder disfrutar mejor del proceso.
- Apoya una mano en el lado izquierdo del plexo solar. De este modo, estarás en contacto con la parte inferior izquierda de las costillas y la zona del estómago. Presiona ligeramente esta zona y visualiza el árbol celestial de los deseos tal y como lo hemos descrito en la sección anterior. Básicamente, verás un chakra con la forma de un loto de ocho pétalos. Concéntrate en crear la imagen del árbol encantado con un pájaro blanco en una de sus ramas. Hay un altar delante del árbol, y un suplicante está arrodillado frente al altar.
- Ahora imagina que eres el suplicante de este chakra.
- Tu primer deseo, que debes pedir concentrándote en los ocho pétalos, es que Indra mueva el chakra desde el lugar que ocupa actualmente hasta el centro mismo de tu chakra del corazón. Desplaza la mano desde el plexo solar hasta el centro de tu chakra del corazón y comprueba cómo el chakra se instala en el centro de *anahata* con rayos de amor.

- Desde esta posición, y aún en el papel del suplicante, da forma a un deseo. Hazlo brotar desde el fondo de tu corazón y acoge con todo tu ser el milagro que representa tu más profundo anhelo. Tu alma ha forjado dicha ambición en el interior de las estrellas y ahora anhela materializarse. Ahora imagínate enviando ese deseo hacia las alas del pájaro blanco, el cual primero atrapa el deseo y luego te besa con su pico antes de echar a volar para llevar tus esperanzas a Indra, quien las hará realidad.
- Cuando el pájaro vuelva a posarse en la rama, sabrás que ha entregado tu sueño. Dale las gracias a este portador de sueños tan especial y respira hondo varias veces. Tu petición está siendo procesada. Vuelve a respirar hondo a través del chakra del corazón. Permanece anclado tanto a la tierra como a todo tu cuerpo, y reanuda tus ocupaciones diarias cuando estés preparado.

Plano cósmico

Hay un detalle histórico más a tener en cuenta respecto al cuarto chakra. Los chakras corporales suelen estar asociados con planos de la existencia ubicados por debajo del primer chakra. Estos planos reciben el nombre de *lokas,* los cuales tienen la apariencia de esferas luminosas. Básicamente, los *lokas* son planos cósmicos, y el que está vinculado al cuarto chakra se denomina *mahar loka.* Se trata de un lugar de equilibrio y el hogar de sabios y seres iluminados.

Resumen

Buena parte del amor y de la vida tiene que ver con el corazón, y todos tus anhelos de amor, relaciones y sanación están centralizados en tu cuarto chakra. El chakra del corazón, *anahata,* es de color verde, alberga el elemento aire, el cual suele representarse mediante tonalidades claras, y controla todos los órganos y elementos corporales de la zona torácica, así como el plexo cardíaco, situado en la columna vertebral.

Siendo los genitales su órgano activo, no es de extrañar que su sentido sea el tacto y su órgano sensorial la piel. Representado como una flor de loto con doce pétalos de color gris humo, su yantra es una *shaktona,* la cual integra las energías masculina y femenina. El sonido *Yam*, transportado por el antílope negro, puede entonarse para acceder al dios Ishana Rudra Shiva y a la diosa Kakini Shakti. Y si desatas el *granthi* y el *lingam* asociados con el chakra del corazón, permitirás el ascenso de la *kundalini*, lista para otorgar amor a través de los sonidos vitales que se producen con y sin percusión.

Ahora que ya conoces los elementos básicos de tu chakra del corazón, ha llegado el momento de seguir con los aspectos físicos de este chakra del amor silencioso.

2
El aspecto físico

Pese a estar hechos básicamente de energía sutil, no debemos descuidar el aspecto físico de nuestra existencia. Esto es especialmente cierto en el caso del cuarto chakra, ya que sólo podremos funcionar con normalidad si las zonas del cuerpo asociadas a él se mantienen robustas y saludables.

No podríamos sobrevivir sin nuestro órgano más esencial: el corazón. No sólo es el centro de la actividad cardiovascular, sino que también resulta esencial, entre otras cosas, para el sistema respiratorio y la circulación sanguínea. Antes de adentrarte en profundidad en la fisiología de tu chakra del amor silencioso, te recomiendo que te hagas a ti mismo la siguiente promesa:

Prometo ayudar a mi cuarto chakra
a que se mantenga sano en todos los sentidos.

Resumen del alcance físico del cuarto chakra

El cuarto chakra está ubicado en la zona del pecho, incluyendo en esto tanto la parte anterior como la posterior de éste.

Este chakra está asociado al plexo cardíaco, un conjunto de nervios situados en la parte inferior del corazón. El epicardio, la membrana que forma la capa más interna del pericardio y la superficie externa del corazón, también está vinculado a este plexo. Está relacionado con numerosas ramificaciones cardíacas que salen del nervio vago –uno de los principales reguladores de muchos de los procesos orgánicos del cuerpo–, así como con diversas formaciones del sistema nervioso simpático y otros ganglios. El nervio vago se extiende desde el bulbo raquídeo hasta el abdomen y regula desde el sistema inmunitario hasta las emociones.

Como todos los chakras, el cuarto está vinculado a una importante glándula endocrina; en su caso, ese órgano es el propio corazón. Me gusta decir que el corazón es el centro de nuestro universo. Si te comprometes con su salud, te convertirás en una devota de todo tu cuerpo.

Zonas del cuerpo implicadas

Anahata gestiona decenas de funciones, especialmente aquellas relacionadas con el sistema cardiovascular y respiratorio. Ubicado en el plexo cardíaco, *anahata* gobierna el corazón, el aparato circulatorio, la sangre, los pulmones, la caja torácica, los senos, los hombros, los brazos, las manos y, con la ayuda de otros chakras, el diafragma y el esófago. También está relacionado con el timo, una glándula que desempeña un papel importante en tu sistema inmunitario. Dadas sus numerosas tareas dentro del sistema cardiovascular y respiratorio, desde un punto de vista biológico es el principal responsable de proporcionar sangre fresca y oxigenada al organismo.

Glándula asociada: El corazón

Existen dos filosofías sobre qué glándula está más estrechamente vinculada con *anahata*: un grupo cree que el corazón es su glándula endocrina, mientras que el otro aboga por el timo. La mayoría de los sistemas, al igual que yo, sitúan al gobernante de este chakra en el corazón. Sin embargo, las interrelaciones entre el corazón, el timo y el chakra del corazón son tan importantes que hablaré del timo en la próxima sección.

El corazón es un músculo del tamaño de un puño que se pasa veinticuatro horas al día bombeando sangre. Está compuesto de cuatro partes: dos aurículas en la parte superior y dos ventrículos en la inferior. Está alimentado por arterias coronarias que recorren toda su superficie y que le suministran sangre con un alto nivel de oxígeno para su propio funcionamiento. Estas cámaras están conectadas mediante válvulas. El corazón está recubierto por un tejido nervioso que le ayuda a gestionar las complejas señales que le permiten seguir latiendo.

Los científicos han descubierto que el corazón es más que un órgano circulatorio; también es una glándula endocrina que produce y segrega una serie de hormonas y neurotransmisores. Entre estas hormonas está la oxitocina, conocida como la «hormona del abrazo», que también se produce en el cerebro. El corazón también fabrica otras hormonas, incluidos muchos péptidos, los cuales están formados por aminoácidos, los componentes básicos de las hormonas. Al parecer, también se produce una constante comunicación entre las gónadas, las hormonas cardíacas y el tejido adiposo (grasa).[3]

---

3. Aldo Clerico *et al.:* «Thirty Years of the Heart as an Endocrine Organ: Physiological Role and Clinical Utility of Cardiac Natriuretic Hormones», *Heart and Circulatory Physiology,* 1 de julio de 2011, https://journals.physiology.org/doi/full/10.1152/ajpheart.00226.2011

En los últimos años ha surgido una nueva disciplina, la endocrinología cardíaca, encargada de estudiar el impacto de las hormonas que fabrica el corazón en el resto del cuerpo y en los numerosos órganos que lo componen.

El corazón es el encargado de segregar aproximadamente una docena de hormonas que tienen un impacto directo en muchos aspectos de nuestra salud.Entre estas hormonas que han sido descubiertas recientemente está la interleucina-33, que afecta a la respuesta inflamatoria, y el microARN, moléculas de ARN no codificante que sirven como biomarcadores de las enfermedades cardiovasculares.[4]

Debido a sus funciones únicas, el corazón funciona casi como un cerebro en sí mismo, transmitiendo señales al cerebro a través de la columna vertebral y del nervio vago, el nervio más largo del organismo. Por eso mismo ejerce una influencia continua en el sistema nervioso y en el endocrino, el aparato digestivo y el urinario, el bazo, el sistema respiratorio y el sistema linfático, así como en numerosos procesos cerebrales. Como el cerebro, parece que el corazón es un órgano igualmente fundamental, sino más, para nuestra salud general. De hecho, el campo eléctrico que emite el corazón es sesenta veces más potente que el generado por el cerebro. Además, el campo magnético que genera es cien veces mayor que el del cerebro, y es el encargado de codificar cada átomo, molécula, célula, órgano y sistema orgánico con los datos que necesitan para fomentar la salud, o la enfermedad.[5]

---

4. Juanjuan Zhao y Liming Pei (2020): «Cardiac Endocrinology: Heart-Derived Hormones in Physiology and Disease», *Basic to Translational Science* 5, n.º 9, pp. 949-960.

5. HeartMath Institute: «Science of the Heart: Exploring the Role of the Heart in Human Performance», www.heartmath.org/research/science-of-the-heart/

Como veremos más adelante en el capítulo 3, vale la pena tener un corazón feliz. Las emociones positivas hacen que el corazón produzca efectos inmejorables en el resto del cuerpo, además de mejorar tu poder adquisitivo y la calidad de tus relaciones.

Por el contrario, las emociones negativas, como el miedo y la ira, tienen un efecto perjudicial en todos los aspectos de tu vida. Algunas investigaciones contrastadas han demostrado que la antigua sabiduría no se equivocaba: todo lo bueno procede del amor.[6]

Glándula endocrina secundaria: El timo

Como he mencionado anteriormente, muchos sistemas consideran el timo como la glándula hormonal del *anahata*. Este fascinante órgano está situado en la parte central superior del tórax, entre los pulmones, detrás del esternón y por encima y enfrente del corazón. Está compuesto por dos lóbulos que se unen delante de la tráquea y su función principal es el procesamiento de los glóbulos blancos producidos en la médula ósea y su transformación en células T.

Las células T ayudan a articular el sistema inmunitario, buscando anomalías e infecciones y estimulando su respuesta cuando las encuentran. Es interesante que la glándula del timo se mantenga activa desde la gestación hasta la pubertad, momento en el que empieza a reducirse. Por ejemplo, cuando nacemos su peso es de 15 gramos; durante la pubertad, de 35; a los veinticinco años desciende a los 25 gramos; a los sesenta,

---

6. HeartMath Institute: «HeartMath Institute Science: Scientific Foundation of the HeartMath System», www.heartmath.org/science/

menos de 15, y a los setenta años, ya sólo pesa unos 6 gramos.[7] En este punto, es poco más que tejido adiposo. Sin embargo, el timo es tan importante que algunas disciplinas médicas están intentando rescatarlo de su penosa realidad encogida y violeta para encontrar aplicaciones en todo tipo de tratamientos, desde métodos antienvejecimiento al fortalecimiento del sistema inmunológico.

Para estimular el timo, pueden usarse métodos holísticos como la técnica de liberación emocional (EFT) y la suplementación. La comunidad médica está buscando soluciones como la administración de ciertos factores de crecimiento y hormonas, así como cadenas gamma, como, por ejemplo, determinadas formas de interleucinas. Los investigadores también han desarrollado técnicas de inhibición de los esteroides sexuales para que vuelva a crecer la glándula del timo o de bioingeniería para mejorar su funcionamiento.[8]

En algunos círculos, al timo se le denomina «corazón superior», considerándolo un elemento fundamental para el progreso de la humanidad. En otros sistemas se lo considera otro chakra mayor o, como mínimo, uno menor. En mi sistema de doce chakras, el timo es la glándula hormonal asociada con el octavo chakra, o chakra chamánico, el cual está situado por encima de la cabeza (consulta la figura de la página 28). También hay quien cree que es un centro etérico o un chakra transpersonal emergente que permite el crecimiento espiritual.

Richard Gerber, autor de *La curación energética*, es uno de mis expertos en medicina energética favoritos. Según el Dr.

7. New World Encyclopedia: «Thymus». www.newworldencyclopedia.org/entry/ Thymus
8. Mohammed S. Chaudry *et al.* (2016): «Thymus: The Next (Re)Generation», *Immunological Reviews,* vol. 271 (1), pp. 56-71. https://doi.org/10.1111/imr. 12418

Gerber, aunque la glándula del timo es un chakra menor, también está influenciado por la actividad del chakra del corazón. A pesar de que el timo disminuye de tamaño a medida que envejecemos, según el Dr. Gerber sigue produciendo hormonas, incluidas las timosinas, muy importantes para nuestro sistema inmunológico.

Una de sus muchas funciones esenciales es mantener ciertos linfocitos bajo control, para que las células protectoras sólo ataquen a los invasores peligrosos o a las células cancerosas, y no a nuestras propias células.[9] Cuando estas células no funcionan o lo hacen de forma insuficiente, desarrollamos trastornos autoinmunitarios. Existen más de ochenta tipos conocidos de este tipo de trastornos, afecciones en las que nuestros «sargentos instructores» inmunitarios atacan a nuestras propias células en lugar de atacar a las intrusas o a nuestras células mutadas (que pueden llegar a convertirse en cancerosas). Entre los trastornos autoinmunitarios encontramos diversos tipos de cáncer, enfermedades cardíacas, fatiga crónica y artritis.

Estresores, problemas y enfermedades físicos relacionados

Algunas de las dolencias físicas relacionadas con *anahata* son las enfermedades que afectan al corazón, los pulmones, los senos, el pericardio y las costillas como, por ejemplo, las enfermedades cardiovasculares, el asma, el cáncer y la neumonía; problemas en las vértebras torácicas, el timo, la parte superior de la espalda, los hombros y los brazos hasta la punta de los dedos.

---

9. Richard Gerber: *La curación energética*, Robin Book, 1993.

Los síntomas son los que podrían esperarse de un sistema inmunitario estresado: resfriados y gripes constantes. Las arritmias cardíacas, la mala circulación, los problemas relacionados con la tensión arterial y con el aparato respiratorio también son complicaciones vinculadas al cuarto chakra. Como también lo son los problemas relacionados con los senos, incluyendo distintos tipos de cáncer y del tejido fibroso.

El SARS-CoV-2, más conocido como COVID-19, suele afectar a los pulmones, pero también puede provocar problemas cardiovasculares. El COVID prolongado es el nombre que recibe el impacto continuo de COVID-19 en el corazón, los pulmones y otros tejidos corporales. A menudo sólo se puede diagnosticar a través de síntomas como las irregularidades respiratorias y cardíacas, el agotamiento y la formación de coágulos sanguíneos.

Resumen

El chakra del corazón es el centro de control de todos los órganos y funciones corporales ubicados en el pecho. Desde las funciones cardiovasculares a las respiratorias, es una pieza clave para el mantenimiento de una buena salud, y a menudo también determina el funcionamiento saludable de los demás sistemas orgánicos.

Situado en el plexo cardíaco, este chakra depende principalmente del bienestar de su glándula endocrina principal, el corazón, así como del papel desempeñado por su glándula endocrina secundaria, el timo. Los desequilibrios pueden afectar a cualquier aspecto de tu vida, lo que significa que es muy importante cuidar de tu corazón para que él pueda cuidar de ti.

Ha llegado el momento de profundizar en los aspectos psicológicos relacionados con tu chakra del corazón.

3
De la psique y el alma

En este capítulo nos adentraremos en la psicología y el alma de tu cuarto chakra, el cual está lleno tanto de ideas como de ideales.

El término *psicología* se compone de dos palabras: psique («alma») y logos («estudio»). Aquí exploraremos la psicología de tu cuarto chakra a través de las diversas emociones y creencias que transitan y se imprimen en él.

También examinaremos las formas en que tu alma habita y se expresa a través del cuarto chakra. En otras palabras, hablaremos de espiritualidad. De hecho, como veremos más adelante, el chakra del amor silencioso es fundamental para la encarnación de tu esencia o espíritu.

Comenzaremos profundizando en las funciones psicológicas generales de *anahata*. A continuación, conoceremos otras facetas, igualmente fascinantes, del chakra del corazón: la edad en la que se activa, sus arquetipos asociados o los tipos de habilidades intuitivas que desbloquea. También profundizaremos en las funciones del corazón físico y el timo para garantizar nuestra salud psicológica y espiritual.

El impacto psicológico dominante

Idealmente, el chakra del corazón es el centro tanto de todas las emociones positivas como de muchas virtudes, como el agradecimiento o la compasión. Considerado por muchas religiones y disciplinas espirituales como el lugar donde reside el amor, el chakra del corazón regula nuestras relaciones con nosotros mismos, con los demás y con lo Divino. Desde su interior, aprendemos a equilibrar nuestras propias necesidades emocionales con las de los demás, tratando de ser generosos, pero sin olvidar nuestro propio bienestar; solícitos, pero también éticos; individualistas, pero también preocupados por los problemas de la comunidad. Independientemente de tu género, la ubicación de los pechos en la zona del chakra del corazón está conectada a nuestra capacidad innata de alimentar y nutrir a los demás, especialmente a los que más lo necesitan.

Anahata también está asociado con nuestra capacidad de dejar atrás las limitaciones impuestas por el karma y de tomar decisiones reconociendo las ataduras del pasado al tiempo que las trascendemos. «Seguir los dictados de nuestro corazón» significa percibir y crear opciones desde un lugar más elevado, alejado de la naturaleza elemental de los chakras inferiores, los cuales se basan en el deseo y la compulsión.

En el interior de nuestro corazón aprendemos a equilibrar los opuestos: masculino y femenino, mente y cuerpo, ego y unidad. Por tanto, nos enfrentamos a las cualidades que se oponen al amor incondicional, como son los celos, la envidia y el odio. Durante el proceso, aprendemos a aceptar y encarnar nuestra auténtica identidad espiritual.

Activación del chakra

Cada chakra se activa en una etapa distinta de nuestro desarrollo, es decir, desde la infancia hasta la edad adulta. El chakra alcanza su punto culminante justo cuando se vuelve superabsorbente, para que así podamos programarlo del modo más completo posible durante esa etapa. En él almacenamos los sentimientos, las ideas, las creencias e incluso los recuerdos de acontecimientos, tanto grandes como pequeños, vinculados a la frecuencia de ese chakra. Esta programación permite que el chakra prospere física, psicológica y espiritualmente.

Como cabría esperar, algunos de los flujos de datos relacionados con el amor que están codificados en tu chakra del corazón son beneficiosos. Pero otros no. De ahí que haya tantas personas que reproducen las mismas adicciones o relaciones que vieron de niños. Es muy importante revisar los ideales acumulados en tu chakra del corazón. Ya verás cómo al final decidirás conservar algunos, renovar otros y deshacerte de muchos.

El cuarto chakra se activa entre los cuatro años y medio y los ocho años y medio. Se trata de una fase muy larga y llena de cambios decisivos. Durante esta etapa, el niño pasa de ir a la guardería y de estar casi siempre en casa a empezar la educación primaria. A lo largo de estos años, el niño pasa de relacionarse casi exclusivamente con los miembros de su propia familia, y de mostrarse leal a ellos, a empezar a crear sus propias amistades. Se vuelven cada vez más independientes respecto a una serie de aspectos básicos del día a día como, por ejemplo, la elección de la merienda, la ropa o el deporte que quieren practicar, lo que los prepara para que, poco a poco, vayan aprendiendo a tomar sus propias decisiones.

Es fundamental que, durante esta etapa, sus cuidadores les proporcionen un espectro lo más amplio posible de enseñanzas y actividades vitales. De ese modo, serán capaces de establecer por sí mismos cuáles son los límites seguros y cómo elegir alimentos sanos. Si se limita el tiempo que pasan delante de las pantallas y los miembros de la familia se tratan con cariño, el chakra del corazón se expandirá y encontrará fuentes de amor maravillosas y, a veces, incluso inesperadas, como, por ejemplo, una mascota para la familia, un árbol favorito o un mejor amigo de la escuela.

En general, los parámetros que influirán en el desarrollo de las ideas sobre el amor del niño quedan establecidos durante estos años. Si aprenden a aceptar a los demás independientemente de su raza, género o identidad sexual y de género, cuando sean mayores serán capaces de relacionarse con los demás de una forma natural.

Si, por el contrario, se parapetan detrás de juicios de valor y experimentan la crueldad, es posible que se muestren reacios a entablar relaciones o que se enfrenten a ellas adoptando los mismos comportamientos negativos que están presenciando.

Desde la perspectiva del sistema de chakras, el cuarto chakra se abre después de que se active el tercer chakra, tras la activación, a su vez, de las ruedas auxiliares del segundo y primer chakra. Cualquier programación anterior puede favorecer o frenar el desarrollo del chakra del corazón.

Funciones psicológicas

En el capítulo anterior hice hincapié en la importancia del órgano del corazón y, por lo tanto, del chakra del corazón, en nuestro bienestar psicológico. Aunque físicamente el corazón contiene 40 000 neuronas y tiene la capacidad de procesar, aprender y recordar, también emplea sus propias emociones. Cuando nos centramos en emociones que involucran al alma de una forma sostenible y positiva, como la compasión y la gratitud, el cerebro tiene acceso a funciones cognitivas superiores. Puede autorregularse y alcanzar lo que se conoce como coherencia cardíaca. Obviamente, de vez en cuando nos veremos afectados por factores desencadenantes y sentimientos de desesperación o ansiedad, pero podremos reequilibrarnos rápidamente y nuestra salud física y psicológica general se mantendrá estable y saludable.

Sin embargo, cuando pasamos demasiado tiempo inmersos en emociones como la frustración y la ansiedad, el corazón físico tiende a latir de forma errática. El cerebro incurre en pensamientos como la vergüenza y en ideas basadas en el miedo, lo que provoca que empezamos a tomar decisiones precipitadas.[10] En pocas palabras, nos sentimos peor con nosotros mismos y con el mundo.

El timo también se ve afectado por el tipo de emociones que contenemos, o liberamos, en nuestro chakra del corazón. Según el Dr. Gerber, a quien presentamos en el capítulo anterior, los especialistas médicos aún no se han dado cuenta de que el flujo de prana a través del chakra del corazón determina la función del timo y, por lo tanto, la capacidad inmunológica de nuestro cuerpo. Del mismo modo que el corazón responde a las emociones, el timo reacciona positiva o negativamente a las emociones del corazón. En resumen, las emociones restrictivas en el corazón pueden predisponernos a sufrir trastornos autoinmunitarios. El Dr. Gerber está convencido de que la clave para tener un corazón y un timo sanos es el amor por uno mismo.[11]

---

10. Jessica I. Morales: «The Heart's Electromagnetic Field Is Your Superpower», *Psychology Today* (29 de noviembre de 2020). www.psychologytoday.com/us/blog/building-the-habit-hero/202011/the-hearts-electromagnetic-field-is-your-superpower

11. Gerber, *Vibrational Medicine*, pp. 372-382.

¿Cómo se puede estimular el timo de forma natural? La terapia de sonido, la técnica de liberación emocional y el canto son de gran ayuda, como también lo es el uso de gemas, como la turquesa o la aguamarina. Es imprescindible el consumo de alimentos saludables, como las frutas y verduras, así como el ejercicio regular y el descanso. El timo puede verse afectado negativamente por el estrés emocional, la desnutrición, los factores ambientales, el alcoholismo y los problemas físicos a largo plazo.

Deficiencias psicológicas de un cuarto chakra enfermo

Algunas de las deficiencias en *anahata* son la incapacidad de perdonar, la soledad, la falta de empatía, la falta de amor propio, la apatía, la indiferencia y el retraimiento o la falta de rumbo. Este tipo de problemas suelen estar provocados por emociones ocultas que tienen un impacto en nuestra forma de ver el amor y la capacidad de amar. Especialmente, si hemos experimentado un alto grado de rechazo o abandono en nuestra vida, o hemos pasado por una experiencia traumática que ha desencadenado cualquiera de los dos problemas anteriores, es más fácil que perdamos la esperanza de que vuelvan a aceptarnos de una forma plena. Esta última afirmación es fundamental para poder tener amistades y relaciones sentimentales sanas, las cuales es verdad que dependen del buen comportamiento, pero también de la aceptación plena. Los muros que levantamos a nuestro alrededor cada vez que nos sentimos mal con nosotros mismos seguirán creciendo hasta que llegue el día en el que ni siquiera sepamos cómo derribarlos.

Excederse en los efectos negativos de las relaciones puede desencadenar una serie de problemas característicos, como son los celos, la codependencia, el martirio, el autobombo, el egoísmo, el egocentrismo y el tribalismo. Si no aprendemos a cuidarnos a nosotros mismos y apreciarnos tal cual somos, lo más probable es que sigamos autocompadeciéndonos tanto si nos excedemos en el cuidado a los demás como si hacemos todo lo contrario, es decir, si nos aprovechamos de ellos. Sean cuales sean las dificultades a las que nos enfrentemos, es esencial crear un espacio de autoestima dentro del chakra del corazón y entrar en contacto tan a menudo como sea posible con el auténtico ser que habita en ese refugio.

Fortalezas psicológicas de un cuarto chakra sano

Cuando *anahata* está equilibrado crea una sensación de plenitud y numerosas habilidades centradas en el amor, como la empatía, la compasión, la cordialidad, la motivación, el cuidado y la aceptación. En especial, nos permite vivir a través de dos cualidades espirituales esenciales: la compasión y el amor.

El chakra del corazón es capaz de experimentar una gran cantidad de sufrimiento y dolor, pero también grandes dosis de amor y comprensión. Cuando nos mostramos compasivos con nosotros mismos y con los demás, el corazón se expande. Evidentemente, a veces puede parecer que está a punto de romperse o de estallar en mil pedazos. Pero al final no pasa, y si recordamos que todo el mundo hace todo lo posible por aprender a amar, podemos estar seguros de que nunca pasará. Y si a veces te resulta imposible contenerlo todo dentro, deja de hacerlo. Comparte con los demás tus preocupaciones y decide curar tus propias heridas. Sólo podemos cambiarnos a nosotros mismos.

El perdón es la capacidad de seguir adelante. Para llegar a él es necesario rendirse, soltar amarras y aceptar de donde venimos, tanto si estamos lastimados de forma irrevocable como si aún tenemos la capacidad de transformarnos a nosotros mismos. En el fondo, implica liberar las cargas energéticas de una situación dada para así poder regresar a un estado de equilibrio.

Perdonar no significa olvidar. Si nos hemos hecho daño a nosotros mismos, o se lo hemos hecho a otra persona, debemos recordar lo que nos provocó ese daño y hacer todo lo posible por evitar repetir la acción o mantener la misma actitud. Si alguien nos está haciendo daño, debemos establecer los límites necesarios, pero también debemos permanecer receptivos ante los tipos de amor adecuados.

A veces es imposible perdonar. No pasa nada. A continuación, encontrarás una breve práctica que te permitirá deshacerte de ese tipo de situaciones.

PRÁCTICA

Perdonar cuando parece imposible

Quizás te hayan hecho demasiado daño. O te hayas hecho demasiado daño a ti mismo y ya no puedas mirarte al espejo. O tal vez otra persona o situación te ha hecho tanto daño que no quieres perdonarla. Tranquilo. Te recomiendo que hagas lo siguiente:

Céntrate en las terribles circunstancias que hacen que todas las células de tu cuerpo se nieguen a seguir avanzando. Luego piensa en como sea que llames a tu Poder Superior y pídele que se haga con el control de la situación y realice por ti el proceso del perdón. Confía en que éste llegará en el momento adecuado. Si en algún momento quieres volver a recoger la antorcha para batirte contigo mismo o con otra persona, recuerda que has cedido el proceso del perdón a una conciencia superior.

Arquetipos asociados

Un arquetipo es un patrón o modelo. Hay arquetipos positivos y negativos asociados al cuarto chakra.

El arquetipo del cuarto chakra es el amante. Este tipo de ser busca la emoción y la conexión, y suele dejarse llevar por pasiones como la alegría, el impulso sexual y el entusiasmo. Al fin y al cabo, el amante sublime es aquel que busca el placer tanto para sí mismo como para los demás.

El arquetipo negativo es el actor. Con frecuencia, el actor es egoísta y utiliza su capacidad de conocer los deseos y emociones de los demás para cambiar su propio estado de ánimo y personalidad. Si no tiene cuidado, puede perder de vista su corazón y su alma y convertirse en un camaleón.

El siguiente ejercicio te ayudará a percibir la diferencia entre comportarte como amante y como actor.

PRÁCTICA

Pon a prueba los arquetipos del cuarto chakra

Piensa en una relación que te gustaría mejorar. No tiene por qué ser romántica, aunque puede serlo. Un amigo, un compañero de trabajo o un familiar; tienes una relación con todas aquellas personas que son valiosas para tu corazón.

En un espacio de reflexión, imagina que eres la amante de esa persona. Eres la personificación de todos los aspectos de la encarnación superior de tu alma y eres capaz de dar y recibir amor incondicional. También eres muy meticulosa a la hora de operar dentro de los límites de la relación. Si se trata de una relación sexual, puedes pasar tranquilamente a la fase de pasión íntima. Si estás pensando en tu alma gemela, puedes intercambiar emociones e ideas de forma segura.

Ahora imagina que interpretas el papel del actor en esta relación. Representas el papel de la persona a la que le gusta complacer porque, esencialmente, quieres salirte con la tuya. ¿Cómo imaginas tus acciones? ¿Cómo cambian tus emociones en función del éxito o fracaso de tus manipulaciones?

Activa el elemento transparente del aire que yace en tu corazón y deja que se lleve todo el artificio. Decide venir desde el lugar donde reside tu auténtico ser y observa lo que ocurre en esa relación.

Perfil de personalidad

Si tienes un chakra del corazón fuerte, entonces es que eres una persona con una gran facilidad para relacionarse con los demás. ¿Alguna relación en ciernes? Las personas centradas en el corazón suelen sentirse atraídas hacia las parejas, y en cuestión de minutos saben lo que funciona y lo que no funciona en la relación. Si estás centrado en el cuarto chakra, tus valores fundamentales son el amor y la felicidad, así como la tendencia a querer arreglar los problemas de pareja de los demás. Uno de los aspectos positivos de esto es que te ves empujada al mundo de la sanación y de los actos de servicio a los demás. Habitualmente, tu propósito espiritual consistirá en ayudar a los demás a través de tus dotes sanadoras o relacionales.

El don intuitivo del cuarto chakra

En el mundo actual, el principal don intuitivo del corazón se denomina empatía de las relaciones. Explicado en términos sencillos, esto consiste en saber lo que ocurre en las relaciones de los demás y cuáles son sus deseos más profundos respecto al amor; algo que nos coloca en una posición privilegiada para aconsejar a los demás (y a nosotros mismos) respecto a la necesidad de amor.

Éste puede ser un don difícil de gestionar, ya que es fácil caer en la codependencia, es decir, la tendencia a hacer por los demás lo que ellos deberían estar haciendo por sí mismos. Esta práctica te dejará exhausto, abatido y, a menudo, molesto. Las relaciones codependientes, donde sólo una de las partes da, pero no recibe nada a cambio, suelen estar abocadas al resentimiento.

La solución consiste en activar otro don más profundo inherente al chakra del corazón: la sanación. Sanar es invitar al cambio, un cambio que fomentará aún más el amor. No hace falta ser médico o terapeuta para vivir centrados en el amor, aunque evidentemente puedes serlo. Al relacionarte contigo mismo y con los demás con generosidad y compasión, te conviertes en sanador, algo de lo que el mundo anda muy necesitado. Un sanador no trata de superar los límites de los demás, sino que les da el espacio que necesitan y sólo actúa cuando se sienten cómodos. Un sanador está comprometido con el amor a largo plazo.

Otras habilidades espirituales extraordinarias

Los antiguos hindúes tenían una larga lista de extravagantes habilidades asociadas con el chakra del corazón, unas habilidades especialmente vinculadas con la activación de la kundalini en su ascenso a través del cuarto chakra.

En el hinduismo, estas capacidades se conocen con el nombre de *siddhi* y abarcan una amplia variedad de aptitudes de carácter milagroso que tienen lugar en conjunción con la conciencia superior del amor. Los *anahata siddhi*, o poderes extraordinarios, se activan con el control total del elemento aire. Entre otros, encontramos el *bhuchari siddhi* (la capacidad de viajar a cualquier parte), el *khechari siddhi* (el vuelo a través del cielo) y el *kaya siddhi* (la capacidad de trascender la vejez, la enfermedad y la muerte).

Existen muchas otras aptitudes que podríamos añadir a esta lista: el conocimiento inconmensurable, el conocimiento del pasado o la clariaudiencia y la clarividencia. Además de esto, el *yogui anahata* puede encontrar curas para diversas enfermedades, comprender cuestiones fisiológicas, crear y destruir lo evidente, fabricar oro y encontrar tesoros ocultos. Asimismo, el florecimiento del corazón activa otros dones superiores, como, por ejemplo, la capacidad de escuchar una conversación desde la distancia, cambiar de forma, entrar en el cuerpo de otra persona, viva o muerta, morir a voluntad, participar junto a los dioses en los deportes celestes y cumplir sus preceptos sin ningún tipo de impedimento.

Te invito a descubrir cuál de estas habilidades del corazón podría estar disponible para ti.

Resumen

Anahata ofrece una espléndida variedad de dones para el alma, habilidades psicológicas que ayudan a crear relaciones nítidas y fluidas. Unido a tus esfuerzos para seguir progresando en la esfera del amor hacia ti mismo y los demás, *anahata* fomenta el cuidado de uno mismo y aptitudes como la compasión y el perdón. Cuando se carece de estos rasgos, corremos el riesgo de caer en el aislacionismo, la codependencia o la avaricia. No obstante, como uno de los dones intuitivos e innatos de *anaha-*

ta es la sanación, puedes reconstruirte a ti mismo completamente y renovar tu corazón siempre que quieras. Recurre al amante más que al actor para poder disfrutar de todo lo que el chakra del amor silencioso puede ofrecerte.

Segunda Parte

Aplicar los conocimientos sobre el cuarto chakra a la vida real

Ha llegado el momento de sincronizar los latidos de tu corazón con la alegría. En esta segunda parte, otra etapa de esta gran aventura del cuarto chakra, descubrirás diversas formas de beneficiarte de los abundantes recursos que te proporciona el chakra del amor silencioso y empezarás a utilizar de forma activa este conocimiento para hacer realidad tus sueños.

Cada uno de los capítulos siguientes está escrito por un experto en las energías de *anahata*. Todos ellos han explorado por su cuenta sus chakras *anahata*, pero, como profesionales en sus respectivos campos, también han ayudado a otras personas a resolver sus dudas acerca del cuarto chakra. Creo hablar en su nombre cuando digo que su mayor deseo es que aproveches al máximo el poder de tu cuarto chakra.

Puedes leer los capítulos de esta parte en el orden que prefieras. Si lo que más te interesa en este momento es aprender a cocinar para potenciar tu cuarto chakra, al final de esta parte encontrarás un capítulo escrito por dos chefs; adelante, deléitate con sus deliciosas recetas. O tal vez quieras empezar conociendo a unos cuantos aliados espirituales o descubrir qué remedios vibracionales o cristales debes elegir para propiciar una determinada transformación. Sea lo que sea lo que necesites para adentrarte en lo más profundo de tu corazón interior, aquí lo encontrarás todo.

Utilizarás la intención

Muchas de las ideas y prácticas que aparecen aquí recurren a un proceso relativamente conocido, pero extraordinariamente eficaz: establecer una intención. Quiero que te familiarices con este concepto y, para ello, te daré algunos consejos prácticos para que puedas crear una intención.

Una intención es la versión mejorada de un deseo. Piensa en todas las veces que has soñado con el futuro que deseas para tu vida. Al final, tendrás que decidir si realmente quieres que ese deseo se haga realidad o si lo guardas en la carpeta de los sueños imposibles. Cuando formulas un anhelo y te pones a trabajar en él inmediatamente, es como si le crecieran piernas y cobrara vida.

Cuando usas la intención, estás invitando a la fiesta a las energías sutiles. Como ya hemos dicho, casi el 100 % de toda la energía es sutil. Activar los chakras, los campos del aura y todo el ser sutil mediante un deseo enfocado añade una buena cantidad de magia a la mezcla.

En cierto modo, todo lo que existe en el mundo es una manifestación de la intención. Son numerosas expresiones de esto: la oración, las esperanzas, las ensoñaciones e incluso la ambición.

Lo cierto es que todo lo concreto tiene su origen en un impulso creativo o una intención potenciada. Esto significa que, en cierto modo, la intención no es más, ni menos, que envolver una inspiración de tal modo que sea mucho más fácil que se haga realidad.

La forma más fácil de establecer una intención es formulando una declaración de deseo. Esta actividad se desarrolla en tres pasos.

Empieza por escribir una declaración de una sola frase que resuma lo que quieres. Es como volver de nuevo a clase de lengua, ya que esta frase debe estar compuesta por al menos un sustantivo (sujeto) y un verbo (acción). A continuación, debes agregar el deseo real, el cual debe estar en presente e incluir palabras optimistas e inspiradoras. Por ejemplo, imagina que deseas bucear en aguas profundas. Podrías crear una intención como ésta:

Me encanta ser un buceador de aguas profundas.

En segundo lugar, debes añadir emoción a tu intención. Piensa del siguiente modo:

Mi intención ya se ha producido.
Estoy viviendo mi sueño.
Vaya, todo lo que contiene esa
pequeña frase ya está ocurriendo.

Al añadir emoción a tu intención estás poniendo en movimiento las energías que te impulsarán hacia tu objetivo.

El tercer paso consiste en repetir tu intención hasta que se convierta en una decisión y no sólo en un deseo. Concéntrate en ella todos los días. Conviértela en una canción y báilala. Escribe un poema con ella o recítala cada vez que entras en el dormitorio. Por encima de todo, siéntete dichosa de que este sueño haya penetrado en tu realidad física.

Me encantaría que pusieras en práctica la creación de una intención desde ya; al fin y al cabo, la práctica hace al maestro. Puedes seguir practicando con cualquiera de los capítulos de la segunda parte.

Concéntrate en un deseo alineado con tu chakra del amor silencioso. Tal vez estés interesada en asuntos de índole romántica, de sanación fisiológica, quieras solucionar un problema de pareja o, simplemente, estar más centrada en el corazón.

A continuación, enmarca tu aspiración con una declaración que te gustaría que se materializara. Prueba algo como esto:

*Estoy enamorada de la vida misma y
me siento guiada continuamente por el Espíritu.*

Puedes usar esta declaración inspiradora como un mantra o poema; cántala en la ducha o compártela con tus amigos. Si tienes la sensación de que el objetivo requiere más energía, formula una intención relacionada y ponla en práctica.

Y recuerda que, en última instancia, el corazón es alegría. Asegúrate de percibir todos los cambios en tu vida y recibirás una felicidad aún mayor.

4
Aliados espirituales

Margaret Ann Lembo

¡El amor, la bondad y la compasión son el epicentro! Las relaciones son fundamentales para el chakra del corazón, ya que *anahata* reacciona a las conexiones basadas en el cariño, no sólo con personas y animales, sino también con los increíbles seres invisibles que están a disposición de todo corazón bondadoso. La amplia gama de aliados espirituales se traduce en una larga lista de beneficios: ayuda para propiciar la sanación, disfrutar de experiencias espirituales, la promoción de la bondad en la Tierra y muchas otras cosas.

Hay aliados espirituales que pueden ayudarte a estimular tu chakra del corazón, lo que hará que despierte tu ser interior y puedas expandirte mejor por el mundo. La información que encontrarás en este capítulo te permitirá llegar al centro de tu corazón aprovechando la ayuda de aliados metafísicos.

Conozcamos primero las energías de estos ayudantes invisibles para que, de ese modo, puedas elegir con mayor discernimiento e invitar sólo a aquellos que trabajan por tu bien más elevado. Los aliados espirituales adoptan muchas formas: pueden ser ángeles y arcángeles, espíritus de las plantas o fuerzas naturales de los aceites esenciales, y guías animales y de las piedras. (También puedes consultar mi otra sección dedicada a los cristales y gemas del capítulo 10).

Ángeles y arcángeles, guías animales y otras fuerzas de los devas

De niña, al pasar tiempo hablando y escuchando a las plantas y flores del jardín de mi madre, me di cuenta de que las plantas tienen conciencia. Todas las plantas y flores, así como otros aspectos de la naturaleza, tienen energía y vibran con conciencia.

Los mundos visible e invisible son reales, y los aliados espirituales nos ayudan a guiar e iluminar nuestro camino. Cuando nos dejamos influir por ellos, somos capaces de recibir el amor de toda la naturaleza. Utilizamos la telepatía o la conexión intuitiva para obtener consejos y sanación de los seres naturales. Por suerte, nuestra imaginación, estimulada por la visualización o la empatía o ambas cosas a la vez, pueden habilitar nuestras capacidades telepáticas. La comunicación con la naturaleza desde nuestro corazón fluye entonces a través de todo nuestro ser, pues formamos parte de la naturaleza y siempre estamos unidos a ella.

Cuando apliques esta capacidad intuitiva al cuarto chakra, recuerda que es un puente que te conecta con el cielo y la tierra. El amor, la bondad, la tolerancia y la compasión conforman el epicentro del chakra del corazón. Puedes trabajar con los aliados espirituales que se describen a continuación para permitir el intercambio de amor, que no es más que tu verdadera naturaleza.

Ángeles y arcángeles

Estos ayudantes angélicos actúan y reaccionan en función de tus pensamientos, oraciones y peticiones de ayuda. Son mensajeros de la Divinidad. Permíteles que te inspiren con sus consejos y sabiduría. Son seres andróginos de luz, color y vibración. A continuación, descubrirás varios ángeles y un arcángel. Los arcángeles son más poderosos y tienen mayor alcance en comparación con otros tipos de ángeles.

El ángel de la compasión

La compasión y la empatía son dos componentes esenciales del chakra del corazón. Pídele al ángel de la compasión que abra tu corazón y tu conciencia para que puedas brindar consuelo y alivio a las personas que te rodean. Invoca al ángel de la compasión para que te ayude a percibir cuándo necesitas mostrar una mayor compasión por ti mismo, y cuando la necesites, establece la intención sincera de hacerlo.

Recuerda que tu verdadera naturaleza es el amor y que puedes elegir el modo de reaccionar ante los demás. En lugar de reaccionar ante determinados comentarios o acciones de personas desagradables, tómate un momento para respirar hondo y decir una pequeña oración tanto por ellas como por ti. Mientras le envías una petición de ayuda a este ángel, visualiza claramente esa confianza.

Afirmaciones: Soy empático. Soy compasivo y amable. Tengo la suerte de estar rodeado de personas amables y cariñosas. Soy consciente de que debo expresarme con palabras cariñosas. Vivo con amor, actúo con compasión y practico la aceptación en todo lo que hago.

El ángel del amor incondicional

Con este ángel de tu lado, puedes estar seguro de que los demás te querrán tal y como eres, sin juzgarte. El ángel del amor incondicional es un gran aliado para los momentos en los que necesitas disculparte o perdonar (o ambas cosas a la vez). Deja que este ángel te ayude a mejorar tu capacidad para liberarte del resentimiento, la ira o la negatividad hacia ti mismo u otra persona. Este ángel puede ayudarte a mostrar tu amor a los demás y a ti mismo. Permite que el ángel del amor incondicional active la bondad amorosa. Envíale una petición para que te ayude a reconocer el amor en sus múltiples formas.

Afirmaciones: Mi conciencia está alineada con la bondad amorosa. La paz interior es sanadora. Irradio amor a través de mis ojos. Ofrezco perdón a través de mis palabras y mis acciones.

Tu ángel de la guarda

Llama a tu ángel de la guarda cuando necesites ayuda, en cualquier situación. Ha estado a tu lado desde el día que naciste y seguirá contigo durante el resto de tu vida. Su misión es protegerte y guiarte. Recuerda pedirle ayuda y ser muy específico en tus peticiones. Lo único que debes hacer es pensar en lo que necesitas con tu ángel de la guarda en mente y la ayuda no tardará en llegar.

Conecta con el cariñoso apoyo que te proporciona tu ángel de la guarda para descubrir que nunca estarás solo. Abre tu mente para percibir los símbolos que te envía este ser celestial e interpreta sus mensajes para que tu vida cotidiana sea mucho más fácil. El consuelo, la bondad y el amor son las razones por las que tu ángel de la guarda siempre está a tu lado. Para potenciar tu solicitud de ayuda, puedes repetir esta petición tradicional:

«Ángel de lo divino, mi querido guardián, a quien el amor infinito une a mí. Ven a mí en este día para iluminar y guardar, para dirigir y guiar».

Afirmaciones: Un ángel ilumina mi camino. Agradezco la inspiración de la Divinidad. Me resulta fácil afrontar cualquier situación. Tengo la suerte de estar rodeado de personas, lugares y situaciones que me apoyan.

El arcángel Jofiel

Invoca al arcángel Jofiel para que te ayude a recordar que debes dedicar una parte importante de tu tiempo a observar la belleza y las bendiciones que te rodean. La gratitud es fundamental para poder mantener abierto el chakra del corazón. Deja que Jofiel te ayude a convertirte en un conducto donde el cielo y la tierra se encuentren en tu centro. Reconoce la esencia del amor divino en tu interior. Conecta con el arcángel Jofiel en un hermoso jardín o a través de un ramo de flores. Este arcángel te ayudará a recordar que debes detenerte a oler las rosas y deleitarte con las maravillas de la naturaleza.

Invoca a Jofiel para que te ayude a ser más atento y amable con los demás. El chakra del corazón es donde atesoras la energía del amor divino, la amistad, el amor romántico y el resto de aspectos del amor. Es el lugar donde evalúas el estado de una relación. Es un buen lugar en el que centrarse para conectar con la belleza y la gratitud al tiempo que mantienes tu conciencia centrada en el corazón.

Afirmaciones: Estoy lleno de amor. Soy consciente de que el amor me rodea en todo momento. Sólo dejo entrar en mi espacio personal la bondad y las bendiciones. Dondequiera que yo esté, está el amor. ¡Soy feliz! Tengo experiencias enriquecedoras dondequiera que vaya.

Guías animales

La interconexión de todas las cosas que componen nuestro planeta, desde las rocas y los cristales hasta las plantas y los animales, permite que los mensajes y las lecciones que surgen del reino animal lleguen a tu consciencia para beneficio de tu conciencia y crecimiento personal. A continuación, encontrarás algunos guías animales que pueden brindarte mensajes y conocimientos en tu viaje espiritual.

El pato

En el sudeste asiático, el pato mandarín es el símbolo por excelencia del amor y el matrimonio. Se dice que estos patos son parejas fieles para toda la vida y símbolos de la buena suerte para un matrimonio feliz. En el feng shui clásico se utiliza la imagen o estatuilla de un pato mandarín para ajustar el entorno energético y mejorar así las relaciones amorosas. La medicina del pato es útil cuando uno desea relajarse en sus propios sentimientos y emociones, y disfrutar de la compañía de la familia.

Afirmaciones: Soy amable conmigo mismo. Soy consciente de que la bondad de corazón genera unas mejores circunstancias. Para mí, la bondad y la compasión son una forma natural de comportarme. Atraigo relaciones sanas y equilibradas.

El flamenco

Cuando el flamenco entra en tu vida, es posible que sea el momento de pasar un día en la playa, paseando por la arena con amigos o tu pareja. Este guía es especialmente útil cuando estás dispuesto a disfrutar de una actividad centrada en el corazón en compañía de buenos amigos o grandes grupos de personas afines. El flamenco también es el guía perfecto para que te ayude a atraer a una pareja estable monógama.

> **Afirmaciones**: Actúo desde el chakra del corazón. Las experiencias amorosas llegan a mi vida de forma natural. Agradezco la bendición del amor romántico.

El cisne

El cisne es un aliado que te ayuda a vivir en armonía y paz con tu conciencia espiritual mientras discurres por el plano físico terrenal. Cuando el cisne aparezca en tu vida, deja que te ayude a atraer relaciones románticas sanas, amistades comprensivas y afectuosas, y compañeros de trabajo éticos. Desarrolla y cultiva una práctica personal basada en la bondad, la compasión y la tolerancia, tanto por ti mismo como por todos los seres de este planeta.

> **Afirmaciones**: Me siento agradecido cuando puedo ejercer mi poder personal. Estoy equilibrado. Mi cuerpo está tranquilo y en paz. Soy elegante y fluyo con la vida.

Los aceites esenciales

La aromaterapia es el uso de aceites esenciales derivados de las partes aromáticas de las plantas. Suele administrarse en forma de aceites, nebulizaciones, inciensos o pulverizaciones para curar dolencias físicas, mentales y emocionales, así como mejorar el bienestar general. Cuando se trabaja con aromaterapia para equilibrar los chakras es importante establecer una intención y acceder al potencial ilimitado de la imaginación. A continuación, te presento algunos aceites esenciales beneficiosos para activar el centro energético del chakra del corazón.

Aceite esencial de pomelo

El aceite esencial de pomelo, especialmente la variedad rosa, ayuda a abrir el corazón para poder recibir bendiciones, alegría y felicidad. Evoca la dicha y el bienestar. Utiliza este aceite para despejar tu cuerpo emocional de toda duda y miedo. Confía en poder atraer relaciones positivas con este aceite en tu campo energético. Utiliza el pomelo para recuperar la alegría tras períodos de duelo.

> **Afirmaciones**: Irradio luz y energía positiva. Avanzo con el convencimiento de poder desarrollar todo mi potencial. Mi corazón está abierto al amor.
>
> **Por tu seguridad**: Este aceite es fototóxico; por tanto, evita la exposición directa al Sol por vía tópica.

Aceite esencial de rosa

La rosa nos recuerda que el amor es la respuesta a todo. Utiliza la rosa para irradiar amor a tu alrededor. Dado que el chakra del corazón es el centro de tu conciencia, el amor es aquello que realmente eres. El aceite esencial de rosa resulta muy útil en las prácticas de meditación porque ayuda a expandir la esfera de amor.

> **Afirmaciones**: Atraigo el amor, la alegría y la felicidad. Me siento tranquilo. Mi mundo está lleno de bendiciones. Me siento bendecido.
>
> **Por tu seguridad**: Aunque no existen contraindicaciones conocidas, es recomendable no utilizar aceite de rosa durante el primer trimestre del embarazo.

Aceite esencial de mejorana dulce

La mejorana dulce te ayudará a deshacerte de los miedos subconscientes y a recordar tu fe. Su aroma atrae la felicidad y la armonía. Empezarás a ver cómo aumenta el número de amigos leales y cariñosos en tu vida en cuanto decidas aceptar su amor. Permite el desarrollo de una nueva relación romántica o la reactivación de una ya existente. Según la mitología griega, Afrodita es la responsable de la creación de la mejorana dulce, y su uso en Egipto se remonta al año 1000 a. C. Tanto los griegos como los romanos coronaban a las parejas con mejorana dulce en sus bodas.

> **Afirmaciones**: Veo la vida con claridad. Las experiencias pasadas me aportan sabiduría y conocimientos que afectan positivamente al aquí y al ahora. Tengo un corazón abierto. Mis emociones están equilibradas.
>
> **Por tu seguridad**: Evitar en casos de hipotensión. No utilizar en caso de embarazo o durante el período de lactancia.

Resumen

Trabajar con tus aliados espirituales mejorará tu percepción del chakra del corazón; el principal mensaje que transmiten es que nunca estás solo. Siente y disfruta las vibraciones energéticas en todo lo que está vivo. Alinéate con las vibraciones que mejor se adapten a tu estado de ánimo y al momento presente y deja que te ayuden. Disfrutarás del proceso y descubrirás que tu vida adquiere más sentido y se vuelve más interesante.

5
Posturas de yoga

Amanda Huggins

En el yoga, cada chakra está asociado a una postura específica que le ayuda a equilibrar y activar su energía. Por ejemplo, las posturas de anclaje se utilizan para poder activar el primer chakra; las de apertura de la cadera liberan las emociones acumuladas en el segundo, y las de torsión extraen la energía del tercero. Por tanto, como no podría ser de otro modo, las posturas para activar el cuarto chakra son las de apertura del corazón.

Las posturas de apertura del corazón abarcan una serie de posiciones específicamente diseñadas para desvelar, ampliar y expandir el centro del espacio del corazón. Estas posturas crean una profunda apertura en la zona torácica, lo que se traduce en una aguda sensación de vulnerabilidad y conexión. Cuando realizamos posturas de apertura del corazón, estamos fomentando la posibilidad de conectar con nuestro núcleo emocional, lo que nos permite alcanzar una mayor relajación del cuerpo y la mente.

En este capítulo, presentaremos varias posturas de yoga del cuarto chakra con las que podrás despertar y reforzar el maravilloso chakra del amor silencioso situado en el centro de tu pecho.

Conceptos clave y consejos para despertar tu chakra del corazón a través del yoga

Físicamente, para abrir el chakra del corazón debes emplear y estirar los músculos del pecho, los hombros y la parte superior de la espalda. Las posturas de apertura del corazón se centran en estas zonas con el doble propósito de liberar la tensión y la rigidez y crear un espacio lo más amplio posible para que el centro del corazón pueda moverse libremente. Además de la apertura del pecho, estas posturas también fomentan la respiración profunda y expansiva, mejoran el flujo de oxígeno y *prana* (el término sánscrito para la fuerza energética vital) por todo el cuerpo. Las posturas de apertura del corazón también favorecen la circulación y el flujo sanguíneo, lo que puede ser especialmente beneficioso para el sistema cardiovascular. Al estimular el corazón, estas posturas también pueden ayudar a la regulación de la presión sanguínea y mejorar la salud general del corazón.

En el mundo moderno, las exigencias de la vida cotidiana a menudo provocan que cerremos inadvertidamente el chakra del corazón. El hecho de pasar mucho tiempo sentados o encorvados frente a la pantalla del ordenador o del móvil, combinado con el acto inconsciente de encerrarnos en nosotros mismos al estar delante de una pantalla, puede manifestarse físicamente en forma de malestar y rigidez en la parte superior del cuerpo. Las posturas de estiramiento del corazón son una respuesta a este estilo de vida que favorece el aislamiento, invitándonos a revertir estos patrones de forma consciente. Al estirar la columna vertebral y dilatar el pecho, creamos una liberación física que se traduce en un cambio energético. Al expandir el pecho y abrir el espacio del corazón, aliviamos la tensión de la parte superior del cuerpo. Liberar la tensión del pecho y de los hombros nos ayuda a fortalecer la columna vertebral y respirar más relajada y profundamente. El espacio que se crea cuando somos capaces de expandir físicamente la cavidad cardíaca favorece el despertar del chakra del corazón, permitiendo que su energía fluya libremente. Mediante la práctica de posturas que involucran al corazón, seremos capaces de armonizar el reino físico con el energético, restableciendo el equilibrio del cuerpo y facilitando una conexión más profunda con nuestra esencia centrada en el corazón.

La autocompasión es un aspecto fundamental del yoga centrado en el corazón. Muchas personas sufren los efectos negativos de la autocrítica y la falta de amor propio, problemas que también salen a la superficie cuando estás sobre la esterilla de yoga. Mientras fluyes entre las distintas posturas y navegas por las sensaciones físicas y emocionales que éstas te provocan, a veces puede que tengas que enfrentarte a momentos de autocrítica o duda. Es importante que seas consciente de que este tipo de diálogos interiores no son más que vestigios de patrones anteriores que ya no te aportan nada.

Las lecciones que aprendes sobre la esterilla de yoga son metáforas que te servirán para el resto de tu vida. El yoga te invita a ser amable contigo mismo, aceptar tus imperfecciones y reconocer tu valía. Cuando percibas que estás siendo demasiado autocrítico durante la práctica del yoga, tómatelo como una invitación a la autocompasión. En lugar de quedarte atrapado en la negatividad, redirige con calma tu atención al espacio que ocupa tu corazón. Con cada respiración y movimiento, recuerda que el yoga es un espacio seguro y sagrado para el crecimiento personal y el autodescubrimiento. Trátate con la misma amabilidad y comprensión con la que tratarías a un amigo muy querido.

La autocompasión no tiene nada que ver con la perfección ni con el hecho de erradicar todos los pensamientos negativos. Se trata de crear un entorno interior propicio en el que poder florecer. Al abrazar la autocompasión cuando practiques yoga, estarás consolidando los cimientos del amor propio, un sentimiento que se extenderá más allá de la práctica del yoga y que dejará su huella en todos los aspectos de tu vida. Cada postura se convierte en una oportunidad para poner en práctica la paciencia, el perdón y la aceptación, todas ellas cualidades muy importantes para tu viaje hacia la consolidación de una relación más respetuosa contigo mismo. A medida que vayas incorporando la autocompasión a las posturas de yoga centradas en el corazón, descubrirás que las semillas del amor propio que plantes en tu esterilla florecerán en una radiante y duradera sensación de bienestar. La práctica de la autocompasión es un acto de amor propio, un sutil recordatorio de que eres merecedor de tu propia bondad. Mediante la combinación entre el yoga centrado en el corazón y la autocompasión, estarás fomentando una profunda conexión con tu chakra del corazón.

PRÁCTICA

Secuencia fluida del cuarto chakra

Esta práctica puede realizarse de forma fluida, es decir, encadenando una postura tras otra sin tener que mantener necesariamente cada una de ellas. En función de tus necesidades, también puedes mantenerte en cualquiera de las posturas en momentos distintos. Por ejemplo, si por la mañana sólo dispones de unos minutos para enraizarte, haz simplemente el primer ejercicio de esta serie: la postura del niño.

Mientras te preparas para la práctica, puedes recurrir a las intenciones que aparecen a continuación; considéralas como una guía que puede ayudarte a avivar tus propias aspiraciones.

Elige aquellas que resuenan con mayor intensidad dentro de ti, y permite que moldeen tu práctica para convertirla en un profundo viaje de autodescubrimiento y amor. Con cada inhalación y exhalación, deja que tus intenciones impregnen tanto tus movimientos como tu respiración, fomentando una experiencia transformadora que nazca en el espacio de tu corazón.

- Me propongo abrir completamente mi corazón, permitiendo que el amor y la compasión fluyan sin esfuerzo por mi interior y a mi alrededor.
- Tengo la intención de liberar todo rencor o resentimiento, permitiendo que el perdón sane y libere mi corazón.
- Acepto la vulnerabilidad como una fuente de fuerza y autenticidad, abriéndome a conexiones y experiencias más profundas.
- Tengo la intención de colmarme de amor y aceptación incondicionales al tiempo que reconozco mis capacidades y mi valía.
- Me propongo deshacerme de las heridas o cargas emocionales del pasado y dejar espacio para la sanación y la renovación emocional.
- Tengo la intención de irradiar compasión tanto hacia los demás como hacia mí mismo, promoviendo un diálogo interior agradable y cálido.

Mientras te mueves por la siguiente secuencia, concéntrate en fomentar de sentimientos como el amor, la compasión y la autoaceptación. Imagina que con cada respiración el centro de tu corazón se expande e irradia amor tanto hacia ti como hacia las personas que te rodean.

Te recomiendo que realices las siguientes posturas sobre la esterilla de yoga u otra superficie plana y acolchada, como una alfombra mullida.

- empieza en la postura del niño

Arrodíllate y siéntate sobre los talones. Estira los brazos hacia delante, baja el torso hacia la esterilla y apoya la frente en el suelo. Inhala profundamente varias veces para permitir que el corazón se relaje. Con cada inhalación, imagina que llenas el espacio de tu corazón de energía brillante, cariñosa y vibrante. Con cada exhalación, imagina que esa energía elimina todo aquello que está bloqueando el espacio de tu corazón.

- fluye hasta la postura de la mesa

Al inhalar, colócate sobre las manos y las rodillas en la postura de la mesa. Para ello, coloca las manos debajo de los hombros y separa los dedos. Mantén las manos paralelas entre sí. Coloca las rodillas debajo de las caderas, a la misma anchura que éstas, y apoya la parte superior de los pies sobre la esterilla. Lleva la barbilla hacia el pecho. Ahora estás en una postura parecida a la de una mesa.

- cambia a la postura de gato-vaca.

Exhala y mantén la postura de la mesa. En la siguiente inhalación, deja que el vientre se hunda, levanta el coxis y dirige la mirada hacia arriba para adoptar la postura de la vaca. Siente cómo se amplía el espacio del corazón a medida que abres el centro del pecho.

Exhala, arquea la espalda hacia el cielo, lleva la barbilla hasta el pecho y dobla el coxis hacia abajo para adoptar la postura del gato. Repite este movimiento varias veces acompasándolo con la respiración mientras experimentas con las sensaciones de abrir y cerrar el espacio del corazón.

- pasa al perro bocabajo

Vuelve a la postura de la mesa y luego levanta las caderas hacia arriba y hacia atrás, rotando o incorporándote y bajando los pies. Adopta una postura de «V» invertida con tu cuerpo.

Apoya firmemente las palmas de las manos y los pies en la esterilla y deja que tu corazón se derrita hacia los muslos. Intenta abrir todo lo que puedas el espacio torácico y respira profundamente hacia el corazón. También puedes soltar exhalaciones o suspiros audibles para liberar las emociones reprimidas en tu corazón.

Avanza hasta la postura de la plancha

Al inhalar, sal de la postura en forma de «V» del perro bocabajo y fluye hacia la postura de la plancha. Alinea los hombros justo por encima de las muñecas y contrae los músculos del bajo vientre para mantener una línea recta y estable desde la cabeza hasta los talones. Asegúrate de que las caderas no están ni demasiado elevadas ni demasiado caídas.

Modificación:

Perro bocabajo: Si tienes los isquiotibiales tensos o la zona lumbar distendida, flexiona las rodillas. Esto aliviará la tensión en los isquiotibiales y hará que te resulte más fácil mantener la espalda recta.

Plancha: Apoya las rodillas en el suelo para reducir la carga de la parte superior del cuerpo. También puedes mantener las rodillas levantadas y apoyarte en los antebrazos en lugar de en las palmas de las manos.

- adopta la postura de la cobra

Túmbate en el suelo bocabajo. Coloca las palmas de las manos debajo de los hombros, asegurándote de mantener los codos pegados al cuerpo. Al inhalar, presiona ligeramente la esterilla con las manos y levanta el pecho del suelo. Mantén las caderas bien enraizadas en el suelo y los hombros relajados. Presiona la parte superior de las piernas y los pies contra el suelo para activar el tronco. Deje que la parte superior de la espalda trabaje más que tus manos (incluso puedes comprobarlo levantando ambas manos de la esterilla y separando el pecho unos centímetros del suelo). Exhalando, vuelve a bajar el pecho y la cabeza hacia la esterilla. Repite la postura de la cobra entre dos y cuatro veces más.

- regresa a la postura del perro bocabajo

Vuelve a la postura de la mesa y luego levanta las caderas hacia arriba y hacia atrás, formando una «V» invertida con el cuerpo. Apoya las palmas de las manos y los pies en la esterilla y deja que tu corazón se funda hacia tus muslos. Abre el pecho y respira profundamente hacia el corazón. También puedes soltar exhalaciones o suspiros audibles.

- regresa a la postura del niño

Vuelve a adoptar la postura del niño y permanece en ella durante tres respiraciones. Presta atención a tu ritmo cardíaco y utiliza las exhalaciones para que el corazón se relaje.

- pasa de nuevo al perro bocabajo y acaba en la postura de la plancha

Vuelve a la postura del perro bocabajo e, inhalando, pasa a la postura de la plancha. Exhala y desciende lentamente hasta quedar tendido bocabajo sobre la esterilla.

- muévete a la postura del perro boca arriba

Coloca las palmas de las manos debajo de los hombros, con los codos pegados al cuerpo. Presiona firmemente la esterilla con las palmas de las manos mientras estiras los brazos y levantas los muslos y las rodillas del suelo, presionando la parte superior de los pies en la esterilla.

Eleva el pecho y el corazón hacia el techo mientras mantienes las piernas flexionadas. Respira profundamente hacia el centro del pecho durante tres respiraciones. Cuando termines, deshaz la postura y túmbate sobre la esterilla durante tres respiraciones.

- regresa a la postura de gato-vaca

Colócate de nuevo en la postura de la mesa y realiza de tres a cinco secuencias de la postura de gato-vaca.

Modificación:

En lugar de levantar todo el cuerpo del suelo en la postura del perro boca arriba, vuelve a realizar la postura de la cobra. Mantén la pelvis y las piernas enraizadas en el suelo mientras utilizas las manos para levantar la parte superior del cuerpo.

- fluye a la postura del camello

Ponte de rodillas con los dedos de los pies doblados debajo de éstos. Pon las manos en las caderas con los dedos apuntando hacia abajo. Inhalando, levanta el pecho y arquea lentamente la espalda, inclinándote hacia atrás y llevando las manos hasta los talones. Mantén las caderas alineadas con las rodillas.

Visualiza un hilo invisible de energía que sale del centro de tu corazón en dirección al techo y que tira suavemente del espacio del corazón hacia arriba. Esta imagen ayuda a aumentar la apertura del chakra del corazón mientras realizas la postura.

Mantén la postura entre veinte y treinta segundos. Cuando te sientas completa, deshaz la postura y siéntate sobre los talones. Coloca una mano sobre tu corazón, cierra los ojos y respira profundamente mientras vuelves a enraizarte.

Modificación:
Para una versión más suave de la postura del camello, no lleves las manos hasta los talones. Mantenlas en la zona de la cadera mientras arqueas lentamente la espalda y levantas el pecho. No olvides mantener las caderas alineadas con las rodillas.

Para deshacer la postura, apóyate en los antebrazos para levantar la cabeza y después descansa la espalda y el pecho en la esterilla.

- *savasana*

Túmbate boca arriba y deja que tus brazos y piernas se relajen paulatinamente. Lleva una o ambas manos al corazón. Cierra los ojos y respira profundamente varias veces. Al exhalar, visualiza cómo toda tensión o estrés abandona tu cuerpo. Mantente en esta posición unos minutos, asimilando los beneficios de la práctica de apertura del corazón.

Concluye la práctica agradeciendo el tiempo que has dedicado a abrir y nutrir el espacio del corazón.

Resumen

El viaje a través de las posturas de yoga tendentes a la apertura del espacio del corazón va mucho más allá del esfuerzo físico; es una exploración del alma que trasciende los límites de la esterilla. Al ponerlas en práctica de forma intencional, estás invitando a las energías del amor, la compasión y la vulnerabilidad a que colmen todo tu ser, estableciendo una conexión profunda con tu chakra del corazón. Gracias a esta conexión, experimentarás un mayor amor propio, sentirás una renovada liberación emocional y descubrirás un nuevo sentido de apertura al mundo que te rodea.

6
Sabiduría corporal

Lindsay Fauntleroy

Tu cuerpo forma parte de la naturaleza. Cuando sintonizas con el mundo natural a través del chakra del corazón, alcanzas de forma natural los niveles más altos posibles de bienestar físico, emocional y espiritual. Tu corazón te permite percibir el mundo más allá de las limitaciones impuestas por el pensamiento racional y lógico. En este capítulo aprenderás diversas prácticas que te ayudarán a dejar de lado temporalmente el pensamiento racional y lógico para que puedas incorporar la sabiduría de la naturaleza.

Me gustaría empezar presentándote el concepto de *anima mundi*. El término procede de las palabras latinas para alma (*anima*) y mundo (*mundi*), o «el alma del mundo», es decir, el aliento y la fuerza vital que compartimos todos los seres del universo. Nuestros antepasados comprendían que el alma humana está intrínsecamente interconectada con el alma del mundo. De hecho, en muchas culturas indígenas, el corazón, y no la cabeza, es la fuente de la inteligencia. Las culturas y los sistemas de sanación indígenas siempre han visto al mundo natural como una fuente de sabiduría e inteligencia. En este capítulo te invito a que hagas lo mismo.

El principal método de conexión con el *anima mundi* no es a través de la mente lógica y racional. No podemos oír a la naturaleza con nuestros oídos, pero sí podemos hacerlo a través de los estados de conciencia que habitan el cuarto chakra. La naturaleza se comunica con el corazón enviándole mensajes: emociones, sensaciones en nuestro cuerpo energético e imágenes simbólicas que brotan hasta la superficie de la conciencia. Estos estados de conciencia imaginativos, creativos y receptivos hacen posible que nos percibamos a nosotros mismos como parte de un universo lleno de vida, un universo donde los pájaros hablan, los árboles nos hacen señas, los ríos susurran y el viento nos saluda con un beso que es a la vez violento y tierno. Mientras te comunicas con la naturaleza de este modo, puedes notar cómo se calma tu respiración, se relajan tus hombros, resurge un recuerdo o experimentas una repentina percepción o afirmación.

PRÁCTICA

Conectar con la percepción de la naturaleza

La sociedad moderna nos obliga a prestar mucha atención a nuestro cuerpo físico. No obstante, tal y como nos percibe la naturaleza, el color de la piel, la estatura o el peso tienen muy poca importancia. En el corazón del alma del mundo, somos esencialmente vibración: luz y ritmo, símbolo y sonido. El siguiente ejercicio te invita a intuir cómo la naturaleza experimenta tu presencia, utilizando el chakra del amor silencioso como centro de conciencia y percepción.

- Visita tu entorno natural favorito. Si no puedes desplazarte, abre una ventana o conecta con una planta de interior. Recibe con cariño al alma del mundo con un saludo silencioso desde un corazón a otro.
- Respira en tu cuarto chakra para imaginar cómo percibe la naturaleza tu luz única. ¿Eres un resplandor cálido y constante, una llama parpadeante, un impulsivo fuego artificial o una discreta chispa? ¿O un incendio que consume mucho espacio? Cierra los ojos e imagina que la naturaleza te observa como un ser de luz. Dibuja o esboza lo que ves cuando te percibes como luz.
- Respira en el centro de tu corazón y escucha cómo la naturaleza percibe tu presencia en tanto sonido que reverbera en su silencio. ¿Suenas con un ritmo rápido y enérgico? ¿Eres un latido anclado y estable? ¿Eres rítmico o errático? Dedica un momento a escuchar interiormente tu ritmo único o tamborilea el ritmo en tu regazo, sobre una mesa o en el suelo.

Te invito a realizar esta práctica meditativa siempre que estés en un entorno natural. Con la ayuda de tu chakra del amor silencioso, presta atención al modo en que la naturaleza está pendiente de ti, algo que realiza con el mismo interés, percepción y curiosidad que las personas que más te quieren.

Acupresión: Portales de poder energético

Podemos comparar los doce meridianos tradicionales de la medicina china a los afluentes de un largo río que lleva luz, energía, *prana*, fuerza vital, conciencia, inteligencia y *chi* por todo el cuerpo sutil. En Occidente, estos meridianos reciben el nombre de las partes del cuerpo que recorren, y la naturaleza energética de cada meridiano cambia según el paisaje circundante. Los ríos o meridianos que fluyen desde el chakra *anahata*, que podríamos equiparar a un océano, son el corazón, el intestino delgado, el triple calentador, el pericardio, el pulmón y el intestino grueso. Trabajar con estos meridianos puede reforzar nuestro cuarto chakra a medida que se abre a una capacidad infinita de amor y a la percepción centrada en el corazón que necesitamos para observar el mundo desde una antigua sabiduría.

PRÁCTICA

Acupresión para portales energéticos dinámicos

Puedes utilizar todos los puntos de acupresión que se mencionan a continuación para activar el cuarto chakra. Empieza a trabajar con cada uno de ellos de la misma manera.

Apoya suavemente las yemas de los dedos en cada portal de energía dinámica. Busca una sutil sensación de calor o resplandor. No presiones muy fuerte la piel; no se debe hundir bajo las yemas de los dedos. También puedes usar en estos puntos remedios vibracionales como diapasones, aceites esenciales, esencias florales y piedras. (En los capítulos 9 y 10 encontrarás más información sobre los remedios vibracionales y las piedras que resuenan con el cuarto chakra).

Pulmón 2: Yun Men (Puerta de las nubes)
Localización: parte externa del pecho, en la depresión en forma de triángulo entre los músculos pectorales y deltoides.

Cómo encontrar este punto: Coloca los dedos junto al hombro en la parte externa del pecho, levanta lentamente el brazo delante de ti hasta que notes una depresión triangular formada por

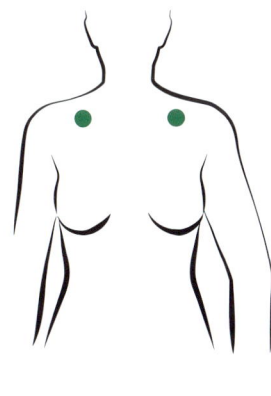

el borde exterior de la clavícula, el hombro y la caja torácica.

Yun Men nos ayuda a encontrar el equilibrio entre dos sabios refranes: «En cada vida debe caer un poco de lluvia» y «Esto también pasará». Haciendo honor a su nombre, este punto nos ayuda cuando la tristeza nubla nuestro cielo emocional. Uniendo las palmas de las manos en el centro del pecho, utiliza las puntas de los dedos para masajear suavemente este punto y permitir que las nubes se abran lentamente y el Sol aleje la oscuridad.

Corazón 1: Jiquan (Manantial de las alturas)

Localización: En el centro de la axila.

Cómo encontrar este punto: Levanta el brazo por encima de la cabeza. Busca la depresión más profunda en el centro de la axila. Al bajar el brazo, tus dedos encontrarán este punto en el ápice del cruce axilar.

Después de rodear el chakra del corazón, Jiquan es el primer punto del meridiano del corazón accesible desde la superficie de la piel. Masajear esta zona ayuda a reducir la ansiedad, la tristeza y la sensación de desconexión, pues nos vuelve a conectar con el profundo manantial del amor universal, cósmico y divino. Rodea tu pecho con ambos brazos, como si te estuvieras dando un

afectuoso abrazo a ti mismo, y mete las manos debajo de la axila opuesta. Respira profundamente de tres a cinco veces mientras se calman tus emociones.

Pericardio 8: Laogong (Palacio de la fatiga y de los tesoros)

Localización: Centro de la palma de la mano; debajo de la punta del dedo corazón al cerrar ligeramente el puño.

Cómo encontrar este punto: *Cierra ligeramente el puño. Este punto se encuentra en el centro de la palma, entre los dedos índice y corazón.*

Laogong evoca la imagen de un templo sagrado al que se puede acudir en busca de ayuda espiritual y renovación después de haber pasado por una mala experiencia, cuando tenemos exceso de trabajo, nos sentimos cansados o estamos sufriendo. Este punto restablece la conexión ancestral y la percepción de la ayuda invisible de tus guías espirituales, lo que te permite sentirte nutrido y protegido a pesar del estrés y de las dificultades que amenazan con separarte del amor.

Pon las palmas de las manos mirando hacia arriba y dirige tu atención al Palacio de la fatiga y los tesoros, situado en el centro de éstas. Imagina que una pequeña y débil llama arde con devoción en cada una de las palmas de tus manos, como la llama de una vela en un altar sagrado. Mantén esa devoción ardiendo en tu interior mientras unes las manos en posición de oración en el centro de tu espacio del corazón. Haz una profunda reverencia ante la fuerza sagrada de la vida que fluye a través del alma del mundo.

El mudra Uttarabodhi

El mudra Uttarabodhi nos ayuda a aliviar el sistema nervioso cuando nos sentimos abrumados y a ser conscientes de los miedos que puedan estar bloqueando nuestro corazón. Al aportar claridad al conocimiento del corazón, también se utiliza para cultivar la inspiración, la concentración, la resolución de problemas y la toma de decisiones.

Empieza entrelazando los dedos de ambas manos y después suelta el pulgar y el índice para crear con ellos una forma de diamante. Lleva las puntas de los pulgares hasta el esternón, donde encontrarás un punto sensible de acupresión llamado Jiewei, o cola de paloma. Este punto es un aliado del mudra Uttarabodhi porque también ayuda a deshacernos de la pena, el miedo, la ansiedad y otras emociones que enturbian la claridad del chakra *anahata*. Respira profundamente varias veces mientras notas cómo tu pecho se expande para dejar espacio al amor divino.

El mudra Uttarobodhi

PRÁCTICA

Florecimiento del corazón

La rosa es la flor por excelencia que refleja simbólicamente el amor en todas sus expresiones. Canciones como «A Rose Is Still a Rose» («Uno rosa sigue siendo una rosa»), de Aretha Franklin, y «Como la Flor», de Selena, la estrella del pop, nos dan una visión de la naturaleza tierna, vulnerable y eterna del amor que florece en nuestro interior.

Estoy segura de que se te ocurren muchas otras canciones. Esta práctica consiste en escuchar a través de tu cuarto chakra del amor silencioso prestando atención a las imágenes que surgen al pensar en tus relaciones.

Empieza por enumerar todas aquellas relaciones que son importantes para ti: amantes, parejas, hijos, familiares, compañeros de trabajo, amigos, la naturaleza, el Espíritu e incluso la relación que mantienes contigo mismo.

Respira hondo varias veces para entrar en un estado de contemplación meditativa y, colocando las manos sobre el corazón, ve repasando una a una estas relaciones. Espera pacientemente a percibir con los ojos de tu imaginación una imagen floral que simbolice dicha relación. A continuación, te sugiero algunas interpretaciones; ahora bien, te recomiendo que siempre utilices tu instinto para descubrir si la imagen provoca en ti una resonancia interna.

Capullo de rosa

Si la flor que aparece en tus imágenes internas es un capullo de rosa, puede indicar una relación que se encuentra en sus primeras etapas, cuando aún es demasiado pronto para saber cómo evolucionará. También puede indicar que esa relación necesita seguridad o protección para poder florecer, como un capullo de rosa protege su valiosa vulnerabilidad.

Rosa en flor
Una relación boyante es como una rosa en plena floración, la cual irradia dulzura y alegría. El color de la rosa que ves con el ojo de tu corazón puede ofrecer una pista sobre el tipo de amor que predomina, o que es necesario, en esa relación. Las rosas rojas suelen indicar pasión o idilio; las amarillas sugieren amistad y camaradería; las blancas, conexión con el espíritu o los antepasados; las de color rosa indican ternura, vulnerabilidad o compasión, y la exquisita rosa verde representa el corazón floreciente de la naturaleza.

Rosa marchita
Una rosa marchita puede indicar que la relación en cuestión requiere más cuidados para poder florecer. Valora la posibilidad de que la relación te esté demandando más atención, tiempo, presencia o energía para recuperar su vigor. El amor, como las rosas, es lo suficientemente fuerte como para capear tormentas y errores involuntarios, y se recupera rápidamente cuando recibe los cuidados adecuados.

Espino
No te asustes si ves un espino reseco, el cual puede indicar un conflicto, tensiones o una relación inactiva. El espino señala los puntos conflictivos en los que nuestra naturaleza humana entra en contacto con nuestra naturaleza divina. La vida en la Tierra se vuelve difícil y complicada cuando el espíritu infinito se contrae en un solo punto en un cuerpo físico. Richard Katz, fundador de la Flower Essence Society, expresa de este modo una hermosa reflexión: «A menudo nos preguntamos por qué las rosas tienen espinas, pero ¿no es maravilloso que los espinos

tengan rosas?».[12] ¿Qué podría estar tratando de enseñarte esta relación espinosa sobre el modo de desarrollar tu potencial espiritual? Todo florece a su debido tiempo.

Dedica un tiempo a reflexionar en tu diario acerca de tus relaciones y lo que tu chakra del amor silencioso está tratando de decirte.

Resumen

Todos los seres vivos comparten la conciencia de la respiración, ahora y por siempre. Utiliza estas prácticas del chakra del amor silencioso para ir más allá de tu conciencia cotidiana e interactuar con la naturaleza y el *anima mundi*.

---

12. Richard Katz: «12 Windows of Plant Perception», conferencia presentada en la Spirit Seed School: Ecological Consciousness & Reciprocity, junio de 2021.

7

Autosanación y anclaje

Amelia Vogler

En este capítulo nos adentraremos en la relación entre tu alma y tu corazón. Ampliando los fundamentos básicos de la sanación y despertando el sencillo pero extraordinario potencial de tu cuarto chakra mediante una serie de prácticas vivenciales, descubrirás todas las capacidades que tienes a tu disposición para sanarte a ti mismo.

Un chakra del corazón equilibrado proporciona a tu alma un camino despejado para el crecimiento y la evolución, permitiendo que las energías divinas superiores informen a las energías terrenales y corporales inferiores. Para poder alinearnos con nosotros mismos y la naturaleza es necesario un corazón abierto y cariñoso.

Como sanadora del alma, mi tarea consiste en responder a las preguntas fundamentales que permiten permanecer cerca de nuestra luz interior. Ayudo a las personas a que vuelvan a sentirse completas, especialmente después de haber bloqueado una parte de sí mismas. La sana expresión del amor (la esfera del chakra del corazón) es la brújula que nos permite navegar por los caminos de la plenitud y la sanación, así como entablar una conversación directa con la belleza de la vida que nos rodea.

Las bases de la autosanación

Como en toda práctica con los chakras, un buen punto de partida es renunciar a cualquier tipo de expectativas. Deja que se relaje tu mente y que se abra tu corazón. Descubrirás el amor silencioso que se expresa con fuerza a través del chakra del corazón y con más fuerza aún a lo largo de tu vida.

Antes de empezar con estas prácticas, me gustaría recordarte que todas tus experiencias vitales, tanto en ésta como en otras vidas, te ha preparado para moverte por el paisaje sutil de tu chakra del corazón. Empieza con esta afirmación: *Soy suficiente*.

PRÁCTICA

Apertura del chakra del corazón

El chakra del corazón está situado en el centro del pecho y sirve de puente entre los chakras inferiores, más terrenales, y los superiores, más espirituales. Esta función de puente del chakra del corazón le ofrece a tu alma un camino abierto para el crecimiento y la evolución, permitiendo que las energías divinas superiores informen a las energías corporales, mucho más terrenales. Es necesario tener un corazón abierto y cariñoso para alinearse con uno mismo y la naturaleza. El término *espiritual* significa cosas distintas para cada persona, así que conecta con lo que ese concepto signifique para ti y utiliza esa idea para explorar este chakra.

Hasta que tu corazón no esté equilibrado, no puede construirse el puente. Entonces, podrás permitir que lo espiritual inspire a lo terrenal y que lo terrenal ancle a lo espiritual.

Preparación

Busca un espacio tranquilo y acogedor para realizar este ejercicio. Coge papel y boli por si deseas procesar la experiencia mediante la escritura. Si te gustan los colores o pintar, coge papel y lápices de colores. Utiliza cualquier técnica personal con la que te sientas cómodo, como la respiración profunda o la atención plena, para relajarte y despejar tu mente. Si tienes una mente muy parlanchina, intenta que tus exhalaciones sean más largas que tus inhalaciones durante unas cuantas respiraciones.

Intención

Esta práctica te permitirá equilibrar las energías del chakra del corazón para que puedas conectar con las energías esenciales de tu alma y construir un puente a través del cual compartir tu autenticidad con el mundo.

Afronta esta práctica con toda sinceridad, haciendo una petición pura y sencilla desde y para tu corazón. Al sanar el chakra del corazón, serás capaz de conectar con tu verdad pura e inherente.

Mientras estás canalizando y conectando con estas energías, es posible que desees entender diversos aspectos de tu autenticidad. El deseo de autoconocimiento es siempre loable, y esta práctica te ayudará a canalizar las energías de tu auténtico ser. Confía en tu percepción; estas energías personales reforzarán tu equilibrio personal.

Pasos

- Siéntate o túmbate en cualquier posición que te resulte cómoda.
- Cierra los ojos o relaja la mirada.
- Coloca las palmas de las manos en el centro del corazón y acceda con intención al cuarto chakra y su campo áureo.

- Pídele sinceramente al Creador o al Espíritu que haga surgir las energías únicas y personales de tu ser para abrir y equilibrar tu cuarto chakra. Estas energías transformarán las energías falsas de tu pasado en unas que expresen de una forma más natural tu verdadero yo.
- Recibe con intención estas energías únicas y personales. Toma notas, escribe en tu diario o dibuja para procesar mejor los cambios.
- Opcional: Al cabo de unos momentos, invoca gradualmente las energías de tu corazón y explora las energías sanadoras que acompañan al amor propio y la curiosidad sana. Puedes utilizar las siguientes propuestas o crear las tuyas propias:

¿Cómo son las energías que han abierto tu corazón?
¿Has percibido un color o colores específicos?
¿Qué aspecto de ti mismo valoras y aprecias especialmente?
¿Cuál es uno de tus puntos fuertes?

PRÁCTICA

Anclar tu corazón con la energía de tu estrella

Cuando trabajamos con la energía y el alma, usamos un lenguaje metafórico. Con esta práctica te invocarás a ti mismo desde el pasado remoto mediante la metáfora de tu estrella de origen.

Preparación

Esta estrella contiene la esencia luminosa y las verdades más profundas de tu ser. Desde una perspectiva elemental, la estrella refleja la alquimia del fuego, lo que significa que tiene el poder de purificar, activar y transformar energéticamente. También es etérea, es decir, capaz de transportar la verdad y la pureza absolutas. Según los antiguos griegos, el éter era el elemento más divino y aquel que permitía a los humanos conectar con sus pensamientos superiores, su intuición y la naturaleza de Dios. En la tradición hindú, los yoguis atribuían al éter la capacidad de conectar con las posibilidades y el potencial más elevados de cada persona.

Con esta práctica podrás anclar tu verdadera esencia, la energía de tu estrella, en el centro de tu chakra del corazón. Aunque al principio pueda parecer que estás atrayendo esta energía desde más allá de ti mismo, como si las estrellas que conforman el cosmos estuvieran más allá de ti, en realidad estás invocando energías desde lo más profundo de tu ser, desde un tiempo remoto, desde tu código primigenio. Estas energías fluyen desde tu interior a través del centro de tu chakra del corazón y del origen de tu propio ser. Tu esencia está codificada en la luz de la estrella de la que procedes. Ha llegado el momento de considerar a esa estrella tu hogar.

Intención

Esta práctica te anclará a la luz que eres, que has sido y que siempre serás.

Pasos

- Siéntate en silencio, meditando o reflexionando con intención, y conecta de una forma sincera con tu estrella única.
- Siente, percibe y experimenta la estrella como si estuvieras observándola desde lejos.
- Preséntate como si te encontraras con un grupo de amigos con los que te sientes seguro al instante. Como se

trata de una apertura intencionada, es importante que esta presentación la hagas en voz alta.

- Observa cómo se abre la puerta de tu corazón y cómo resplandecen las hojas de loto vinculadas a él. También puedes recurrir al árbol celestial de los deseos que activaste en el capítulo 1 e interactuar con él. Inhala la luz de tu estrella.
- Permite que tu corazón se abra a esta relación. No te precipites con este paso; deja que tu corazón se abra completamente a tu esencia. Al principio, notarás que las energías fluyen rápidamente, pero, a medida que el chakra del corazón empiece a integrarse, notarás que aparece un portal o un espacio abierto.
- Invoca la energía de tu estrella de origen y permite que su energía llene ese espacio abierto.
- Permite que la grandeza de tu esencia se acomode en este espacio.

Recibir amor es una de las medicinas más importantes del chakra del corazón, y acoger tu propia esencia es un primer paso transformador para anclar las energías del chakra del corazón y expandir tu potencial de amor propio.

PRÁCTICA

Potenciando el chakra del corazón

El corazón es un chakra relacional. Da y recibe. Inhala bondad y, a cambio, exhala bondad. En esta práctica aprenderás a despertar el potencial de tu chakra del corazón enviando amor a aquellos que están sufriendo.

Lynne McTaggart, una galardonada periodista, autora de superventas internacionales y una de mis mentoras, está especializada en el poder de la intención para sanar. Uno de los aspectos más importantes de su investigación es el poder de «mejorarse a uno mismo» u ofrecer sanación a los demás.

Sanar a los demás es la versión gourmet para alimentar el chakra del corazón porque nos permite conectar con el deseo más profundo de nuestro ser: ayudar a los demás y tener un impacto en el mundo.

Puede que creas que esta expresión energética externa resulta agotadora, pero, de hecho, como confirman los estudios de Lynne, este intercambio de amor y sanación devuelve la energía a aquellos que se toman la molestia de dar amor a los demás.

Preparación

Di en voz alta el nombre de alguien, o de un grupo de personas, que esté sufriendo. No es difícil pensar en una persona o grupo humano que necesite un poco de nuestra ayuda. Si no se te ocurre nadie, puedes usar una intención abierta para enviar las energías de tu corazón a todos aquellos que estén sufriendo en el mundo.

Intención

Esta práctica te permitirá compartir la energía de tu corazón con aquellos que están sufriendo.

Pasos

- Siéntate en silencio, meditando o reflexionando con intención, y conecta de una forma sincera con una persona, un grupo de personas o cualquier ser vivo que necesite sanación. (Por supuesto, puedes incluir a nuestro hermoso planeta, la Madre Tierra).

- Coloca las manos sobre tu corazón y conecta con la energía de tu chakra del corazón.
- Envía energía desde tu corazón a tus manos para que éstas se llenen de esa energía.
- Permite que la energía mueva tus manos más allá de tu corazón, abriéndolas lentamente, con las palmas hacia fuera.
- Con intención, permite que la energía fluya desde tu corazón, brazos y palmas de las manos hacia los seres a los que les envías este amor y cariño.

Resumen

El cuarto chakra es el puente entre lo espiritual y lo terrenal, y nos permite ponernos al servicio de los demás en su versión más elevada. No olvides que la versión más elevada de tu servicio a los demás debe ser para algo más grande que tú. Para poder hacer esto realidad necesitas tanto la inspiración de lo Divino (el poder, la visión, la expresión) como el anclaje de tu cuerpo (la fuerza física, emocional y de voluntad). Has cultivado tu propósito con amor propio y expansión a través de la apertura, el equilibrio, el apoyo y la potenciación de tu chakra del corazón.

8
Meditaciones guiadas

Amanda Huggins

Cuando conectamos con el chakra del corazón a través de la meditación accedemos a la esencia de la energía universal: el amor. La meditación es una forma milenaria de dar forma a la realidad del amor a través de nuestra energía sutil.

En el mundo que vivimos, el concepto de amor suele malinterpretarse como algo que se puede dar, quitar o restringir en función de las condiciones. Las ideas erróneas sobre la naturaleza finita del amor suelen surgir de experiencias basadas en el amor condicional o el apego (desamor, dolor, incluso traumas) que nos han hecho sentir vulnerables y temerosos de perder el amor que tanto apreciamos. Cuando nos asociamos con narrativas que describen el amor como un bien escaso o limitado, creamos de forma involuntaria barreras que obstruyen nuestro chakra del corazón. A medida que nos creemos este tipo de historias, limitamos el flujo energético del amor que circula por nuestro interior, inhibiendo nuestra capacidad de experimentar su plenitud.

Sin embargo, la esencia del amor es infinita, inagotable y trasciende todas las limitaciones humanas. Es una energía que emana del núcleo de nuestro ser, y cuando conectamos con el chakra del corazón a través de la meditación, somos capaces de volver a aprovechar este ilimitado manantial del amor. Cuando estamos sentados en silenciosa contemplación, nuestra respiración se convierte en un ritmo que nos permite adentrarnos más profundamente en el espacio del corazón. Con cada inhalación y exhalación, recordamos el flujo constante de energía vital que nos sostiene. En este proceso, el chakra del corazón se convierte en un nexo energético del amor, un nexo que irradia calidez, compasión y aceptación a través de nosotros mismos y hacia los demás.

El chakra del corazón y la sanación emocional

No es raro que la gente experimente cierta resistencia a trabajar con el chakra del corazón, ya que requiere reconocer, aceptar y deshacerse de heridas y traumas emocionales del pasado. Nos han enseñado a considerar ciertas emociones, tales como la ira, la tristeza o el dolor, negativas o indeseables, y otras, como la alegría, la gratitud o la creatividad, positivas. Esta categorización nos lleva a reprimir aquellas emociones que percibimos como negativas, algo que sólo sirve para perpetuar el desacuerdo interior e impedir la sanación holística.

Si tienes miedo de las emociones que pueden aflorar cuando conectas con tu corazón, debes tener algo muy en cuenta: todas las emociones son iguales. En la compleja experiencia humana, las emociones son como colores del vasto tapiz de la vida, y cada uno de esos colores contribuye a la riqueza y profundidad de nuestra experiencia. Aceptar todas las emociones durante la meditación es un acto radical de autoaceptación y amor propio. Estamos ante una hermosa paradoja: el acto de experimentar plenamente todas las emociones, incluso las que nos incomodan, es lo que permite que se desarrolle el proceso de sanación.

Mi mantra favorito, «Sentir para sanar», resume este principio. En lugar de evitar o reprimir las emociones, asegúrate de sentirlas plenamente en un espacio seguro y acogedor. Cuando creas este espacio durante la meditación del chakra del corazón, estás invitando a que las distintas capas de energía emocional que has mantenido bloqueadas dentro de ti por fin salgan a la superficie. Del mismo modo en que debemos limpiar y desinfectar una herida antes de que se inicie el proceso de curación, también tienes que reconocer y sentir tus emociones para que se produzca la auténtica sanación. El chakra del corazón es el espacio ideal donde el dolor emocional puede ser reconocido, procesado y, finalmente, sanado. Al meditar en el chakra del corazón, estás promoviendo con cariño la sanación de tu corazón.

El camino que lleva al amor propio

Meditar con el chakra del corazón es una forma poderosa de cultivar un sentido más profundo de compasión hacia ti mismo. Practicar el amor propio a través de las meditaciones con el chakra del corazón es especialmente importante para las personas con una tendencia a complacer a los demás y no pensar demasiado en sí mismas.

En nuestras vidas ajetreadas, es habitual que nos descuidemos a nosotros mismos y que no nos tratemos con el cariño que merecemos; ofrecemos amor y compasión a los demás sin esfuerzo, pero nos cuesta brindarnos a nosotros ese mismo nivel de cuidados. Las meditaciones centradas en el corazón te ayudarán a redirigir gradualmente ese amor universal hacia tu propio ser. Al centrarte en el chakra del corazón, estás creando un espacio sagrado en tu paisaje interior donde puede florecer el amor propio.

Cuando conectamos con el corazón, el subconsciente recibe un poderoso mensaje. Mereces amor, bondad y aceptación tal como eres. Este proceso no tiene nada que ver con la búsqueda de la perfección o alcanzar un estado inmaculado de iluminación. Más bien, se trata de cultivar un amor por ti mismo genuino e incondicional, incluso en momentos de vulnerabilidad e imperfección. Esta práctica también te permitirá disolver las barreras que estén obstaculizando tu conexión con el amor propio. Las experiencias pasadas, las expectativas sociales y el exceso de autocrítica pueden levantar muros alrededor de tu corazón, dificultando el proceso de autoaceptación. Meditar con el chakra del corazón ayuda a echar abajo estas barreras poco a poco, ofreciendo un espacio seguro para que brille tu verdadera esencia.

PRÁCTICA

Meditación del amor bondadoso

Para empezar, encuentra un lugar tranquilo y cómodo donde no te moleste nadie. Siéntate, relájate y cierra los ojos. Deja que la tensión desaparezca progresivamente y sumérgete en este momento de autocuidado y conexión interior.

Coloca una mano sobre el corazón durante las primeras respiraciones, mientras te anclas a tu cuerpo. Siente el calor en las palmas de las manos, el suave movimiento de la respiración y la sutil sensación de los latidos de tu corazón. Al inhalar, imagina que estás atrayendo amor, luz y compasión. Al exhalar, libera toda la tensión, la negatividad o la duda.

Repite esto en silencio:

*Deseo que mi corazón se abra. Que se llene de
amor y compasión. Que siempre pueda tratarme
bondadosamente a mí mismo y a los demás.*

Centra tu atención en el chakra del corazón. Visualiza una luz sutil y radiante en el centro de tu pecho y cómo se expande progresivamente con cada respiración. Puede que la luz sea verde o de otro color relacionado con la sanación. Confía en tu intuición; sea cual sea el color que visualices, es justo el color y la vibración que necesitas para tu práctica.

Imagina que esta luz sanadora representa el amor puro y la bondad. Deja que tu cuerpo se adapte a esta vibración energética. Con cada inhalación, siente cómo esta luz se hace cada vez más brillante y vibrante.

Dirige tu atención a las exhalaciones. Con cada una de ellas, repite las siguientes frases en silencio o en voz alta:

*Deseo ser feliz.
Deseo tener salud.
Deseo sentirme seguro.
Deseo vivir con tranquilidad.*

Siente la energía de estas palabras vibrando en el centro de tu corazón. Observa esa energía brotando del centro de tu ser y llenando todo tu campo áureo. Visualiza esa calidez amorosa envolviéndote completamente.

Ahora piensa en alguien que sea muy importante para ti. Mientras piensas en esa persona, repite los mismos deseos, sustituyendo el «yo» por el «tú».

*Deseo que seas feliz.
Deseo que tengas salud.*

Deseo que estés seguro.
Deseo que vivas con tranquilidad.

Extiende tu amor bondadoso hacia esa persona, enviándole ondas de compasión desde tu corazón al suyo.

Observa cómo tu capa protectora de compasión se expande hasta envolver a esa persona.

Expande gradualmente la capa protectora de amor bondadoso para incluir a otras personas de tu vida: familiares, amigos, colegas e incluso aquellos con los que tienes problemas. Repite los deseos anteriores para cada persona, permitiendo que tu chakra del corazón irradie amor y energía sanadora.

Por último, expande tu amor bondadoso para abarcar a todos los seres vivos. Visualiza el mundo entero bañado en la luz de tu chakra del corazón y vuelve a repetir los deseos.

Para terminar la meditación, deshazte lentamente de los deseos y de la visualización. Poco a poco, sé consciente de tu cuerpo físico, tu respiración y del espacio que te rodea.

Después de abrir los ojos, agradece el momento que has dedicado a alimentar tu corazón y tu alma. Cuando te dispongas a continuar con tus actividades diarias, haz todo lo posible por llevar contigo esta energía de amor y bondad.

PRÁCTICA
■ ■ ■

Meditación «Sentir para sanar»

Encuentra un lugar cómodo y tranquilo para tumbarte. Lo mejor es que tengas un colchón, cojines o mantas debajo para que puedas dejar ir completamente el peso de tu cuerpo y relajarte. Lleva ambas manos hasta el corazón y cierra los ojos.

Siente el calor de tus manos en el pecho y empieza a conectar con el chakra del corazón.

Presta atención a tu respiración. Siente el suave movimiento de tu pecho bajo las palmas de las manos al inhalar y exhalar.

Sintoniza con las emociones presentes en tu interior. Cuando notes que emerge una, invócala sin identificarte con ella. Por ejemplo, *Estoy sintiendo tristeza* o *Estoy sintiendo ira* en lugar de *Estoy triste* o *Estoy enfadado*. Aunque pueda parecer intrascendente, esta ligera diferencia de expresión te permitirá reconocer que estas emociones son sólo experiencias temporales que están atravesando tu conciencia.

Sean cuales sean las emociones que aparezcan, reconócelas sin emitir ningún juicio de valor. Ya sea tristeza, ira, alegría o cualquier otra emoción intermedia, limítate a sentir sin reprimirlas ni evitarlas.

Si aparecen emociones en la sombra, es posible que tu mente quiera corregirlas o solucionarlas. Presta mucha atención a esto. En su lugar, simplemente obsérvalas, pero no trates de arreglarlas ni de cambiarlas. Este tipo de práctica recibe el nombre de validación emocional: concédete a ti mismo el permiso para experimentar las emociones sin juzgarlas ni buscar una solución inmediata.

Normalmente, este tipo de emociones afloran porque están buscando reconocimiento y liberación. Al permitirte ser testigo de ellas sin juzgarlas ni criticarlas, estarás creando un entorno donde escuchar y entender estas emociones. Del mismo modo que le ofrecerías un espacio a un amigo para que compartiera contigo sus sentimientos, mediante esta práctica le estás dedicando a tus emociones la misma atención compasiva. Este enfoque facilita que las emociones puedan manifestarse de una forma más calmada, además de favorecer una comprensión más profunda tanto de sus orígenes como de su impacto en nuestro bienestar.

A medida que las emociones se manifiestan, imagina que cada inhalación es como un bálsamo que acoge y libera suavemente cualquier tensión emocional.

Respira. Acompaña las emociones. Si se te saltan las lágrimas o te invade la cólera, permite que ocurra mientras sigues siendo testigo de las emociones que experimentas. También puedes hablar directamente con la emoción. Por ejemplo: *Te veo y te reconozco, tristeza. Estoy aquí contigo.*

Imagina que, con cada inhalación, estás atrayendo nueva energía y luz a tu chakra del corazón. Al exhalar, libera toda la pesadez emocional o estancamiento. Imagina la energía fluyendo por tu chakra del corazón, creando una sensación de amplitud y renovación.

Ahora vuelve a centrar tu atención en la tenue luz que emana de tu chakra del corazón. Recita en voz baja este mantra mientras respiras:

Todas mis emociones son válidas
y me deshago de lo que ya no me sirve.

Deja que el espacio de tu corazón se llene de amor propio y aceptación. Mientras respiras, concéntrate en los sentimientos de gratitud hacia ti mismo y por este tiempo de autocuidado y exploración emocional.

Lentamente, vuelve a centrar tu atención en tu entorno físico. Mueve los dedos de las manos y de los pies mientras regresas al momento presente.

Mientras sigues con tu día a día, recuerda esta práctica de sentir para sanar. Permítete experimentar y liberar emociones, sabiendo que al hacerlo estás creando un espacio para la sanación y la transformación. Con un corazón abierto, puedes seguir cultivando el amor, la compasión y el bienestar emocional tanto para ti como para el mundo que te rodea.

PRÁCTICA

Meditación para recibir el flujo infinito del amor universal

Encuentra un asiento cómodo donde puedas relajarte, pero mantengas la columna vertebral apoyada. Cierra los ojos y haz varias respiraciones profundas y calmantes para instalarte en el momento presente.

Empieza concentrándote en la respiración. Inhala profundamente por la nariz y deja que tu abdomen se expanda. Exhala lentamente por la boca, liberando toda la tensión o el estrés. Con cada respiración, siéntete cada vez más anclado y tranquilo. Si notas alguna resistencia en el cuerpo o el corazón, dirige tu atención a esa parte del cuerpo y utiliza la respiración para liberar la tensión.

Visualízate rodeado de un enorme campo radiante de luz dorada. Imagina que esta luz está impregnada del amor ilimitado e infinito del universo.

Observa cómo este campo de luz te envuelve por completo, abrazándote con su calidez y compasión. Mientras imaginas esto, experimenta las vibraciones del amor, la compasión y la sanación. Llena tu cuerpo con una sensación de calidez y bienestar.

Con cada inhalación, imagina que estás absorbiendo esta luz dorada a través de la coronilla y que, desde ahí, se distribuye por todo tu cuerpo. Al exhalar, libera toda tensión o negatividad, permitiendo que se disuelvan en la luz. Ésta es una práctica para aprender a recibir; presta atención a cualquier resistencia que puedas notar ante el sencillo hecho de recibir amor. Si la notas, recítate a ti mismo esta afirmación: *Soy digno de recibir amor.*

Desplaza tu atención al corazón. Visualiza tu chakra del corazón como si fuera una esfera radiante de energía. Siente el calor y las leves pulsaciones que emanan de esta zona.

Imagina que la luz dorada del amor universal empieza a verterse directamente en tu chakra del corazón. Con cada respiración, esta luz se expande, llenando el espacio de tu corazón. Visualiza esta luz eliminando cualquier dolor, resistencia, angustia u otros bloqueos que te impiden recibir este amor incondicional.

Mientras continúas anclado en el centro de tu corazón, sintiendo la vibración del amor incondicional, recita en voz baja las siguientes afirmaciones y permite que cada una de ellas resuene profundamente en tu interior.

Soy un recipiente del amor universal.

*Estoy conectado a la corriente infinita de
amor que fluye a través de toda la existencia.*

Soy digno de recibir y compartir un amor sin límites.

*Mi corazón está abierto a dar y recibir
amor en su forma más pura.*

Visualiza tu chakra del corazón brillando con una mayor intensidad e irradiando la luz dorada del amor universal hacia el exterior. Imagina esta luz alcanzando los corazones de todos aquellos que te rodean, independientemente del tiempo y el espacio. Imagina la luz tendiendo puentes, fomentando la conexión y provocando un sentimiento de unidad.

Mientras permaneces sentado en este espacio radiante de amor, simplemente existe. Recibe el flujo de amor universal que circula por tu interior, nutriendo tu cuerpo, mente y espíritu. Disfruta de la sensación de estar totalmente sostenido y protegido por esta energía divina. Acepta el hecho de que no tienes nada que «hacer», excepto ser.

Cuando estés preparado para poner fin a la meditación, dedica unos momentos para expresar tu gratitud por la oportunidad de conectar con el amor universal. Devuelve lentamente tu conciencia a tu entorno físico mientras mueves los dedos de las manos y los pies. Cuando estés listo, abre los ojos.

Resumen

Recuerda que el amor infinito al que has accedido estará siempre disponible para cuando necesites conectar, sanar y compartir. Al cultivar esta conexión con el amor universal, te estás alineando con la esencia misma del chakra del corazón. La meditación es la actividad ideal para vincular tu espacio del corazón con el amor creativo e incondicional que está disponible universalmente.

9
Remedios vibracionales

Jo-Anne Brown

Cuando la vida se vuelve turbulenta y las personas que han sido nuestros pilares se marchan, aparecen otras. En mis momentos bajos, aunque siempre he tenido la suerte de contar con la ayuda de personas increíbles, también he recurrido a los remedios vibracionales para revitalizar las energías de mi chakra del corazón. Los remedios vibracionales pueden ser muy beneficiosos, y estoy segura de que pueden hacer lo mismo por ti.

Estos remedios están pensados para ayudarte a superar los problemas más complejos del chakra del corazón. Las experiencias más problemáticas y devastadoras a que debe enfrentarse el corazón suelen estar vinculadas a las relaciones, sobre todo a partir del momento en que éstas terminan y la siguiente pérdida de conexión provocada por la separación o la muerte. Mientras escribía este capítulo, tuve la desgracia de experimentar ambas cosas: mi matrimonio de diecisiete años se desmoronó y la salud de mi madre empeoró rápidamente. Aunque pude pasar un tiempo valioso con mi madre antes de su muerte, tuve que hacerlo separada del que había sido mi marido hasta entonces, de mis queridas mascotas y de mi red de amistades.

En este capítulo compartiré contigo mis conocimientos acerca de los remedios vibracionales para el cuarto chakra. Hablaré de mis remedios preferidos, es decir, de aquellos que son más tangibles y que están centrados en la práctica, explicaré su uso, describiré sus beneficios y presentaré dos prácticas que te ayudarán a reforzar tu cuarto chakra en cualquier momento y lugar.

¿Qué son los remedios vibracionales?

Los remedios vibracionales son prácticas y medicinas que favorecen el equilibrio y el flujo natural. Cuando el cuarto chakra no está sano, tendemos a reaccionar ante la vida de dos maneras distintas: volviéndonos insensibles, egocéntricos y antipáticos o bien abnegados y complacientes.

Cuando ponemos en práctica remedios vibratorios diseñados específicamente para el cuarto chakra, restablecemos nuestro equilibrio natural, lo que hace que nos volvamos más cariñosos, empáticos y respetuosos con nuestras necesidades y con las de los demás.

¿Qué es la resonancia?

La resonancia es un fenómeno físico que se produce cuando un objeto vibra a su frecuencia preferida o natural y dicha vibración alcanza su máxima potencia o amplitud.

En tanto seres físicos, experimentamos la resonancia a través de los chakras y el cuerpo físico. Una de las expresiones físicas de esto es la resonancia o coherencia cardíaca: un estado natural en el que los sistemas corporales están sincronizados entre sí. Esto se traduce en un estado óptimo de homeostasis, o equilibrio, que también fomenta la estabilización mental, emocional y espiritual.

Del mismo modo, cuando nuestro chakra del amor silencioso queda expuesto a las energías autorreguladoras de los remedios vibracionales, nos sincronizamos con esas energías provechosas, las cuales producen en nosotros un cambio positivo muy significativo.

La influencia del chakra del corazón

En la primera parte, Cyndi denominó al chakra del corazón como «el centro de nuestro universo». También dejó claro que el corazón produce el campo rítmico más potente del cuerpo humano. De hecho, el ejercicio de Cyndi describía qué ocurre a nivel vibracional, ya que el campo magnético del corazón es el campo rítmico más potente del cuerpo humano.

Esto coincide con la visión del corazón que tiene la medicina tradicional china (MTC): el rey o emperador, el más influyente de nuestros órganos físicos, el cual rige el flujo sanguíneo y todos nuestros órganos internos.

Los chakras del corazón son centros radiantes de amor que nos ofrecen la posibilidad de amarnos a nosotros mismos y a los demás.

En el interior del cuerpo, las vibraciones del campo magnético de nuestro corazón trasmiten amor propio a través de la glándula del timo, dando lugar a una respuesta celular que se traduce en una óptima inmunidad física.

El campo magnético del corazón también nos permite influir a las personas y grupos que nos rodean, ya que a través de él transmitimos creencias y actitudes personales más allá de nuestros límites físicos.

Remedios vibracionales para el cuarto chakra

Los remedios vibracionales se pueden dividir en dos categorías:

- Remedios basados en apoyo
- Remedios tangibles

Remedios basados en apoyo

Los remedios basados en apoyo incluyen tratamientos, terapias y prácticas que trabajan con energías sutiles. En general, requieren la presencia y guía de un sanador profesional, y apoyan las energías de nuestro primer chakra a través de uno de estos métodos:

- Contacto piel con piel (como el *grounding,* la kinesiología, la acupuntura y el masaje)
- Medios vibracionales (como las terapias de sonido, las modalidades basadas en frecuencias y el chi kung)
- Demostración guiada (como el yoga)

He descubierto que los beneficios de los remedios de contacto piel con piel varían mucho en función de la persona.

A continuación, examinaré con más detalle cuatro modalidades que son extremadamente eficaces para el apoyo del chakra del corazón.

Los dos primeros métodos, el *grounding* y la kinesiología, funcionan por contacto directo con la piel, y los otros dos son medios vibracionales: las terapias de sonido y las modalidades basadas en frecuencias.

Grounding: Esta antigua práctica requiere un contacto directo con la tierra. Nos conecta a una capa de electrones libres en la superficie terrestre que fomenta el equilibrio de nuestro sistema eléctrico y la presión sanguínea descargando el estrés y contrarrestando los procesos degenerativos, como la miocarditis. Las investigaciones demuestran que el *grounding* también mejora la circulación y el flujo sanguíneo, la cicatrización de las heridas y los efectos adversos de los procesos inflamatorios.[13] Un corazón y un sistema cardiovascular más sanos y felices mejoran nuestro estado de ánimo general.

En esta práctica, la tierra se convierte en nuestro sanador profesional. Sin embargo, en lugar de tener contacto piel con piel con un sanador humano, experimentaremos un contacto directo con el entorno natural. La técnica del *grounding* se produce de forma natural cuando realizamos actividades como caminar descalzos por la hierba, la tierra o la arena; trabajamos en el jardín; trepamos a un árbol; conectamos con nuestras mascotas u otros animales y comemos tubérculos.

Si no tienes acceso al entorno natural, existe una amplia variedad de productos para conectar con la tierra, como sábanas, mantas, ropa y zapatos. Las esterillas para practicar el *grounding* resultan especialmente beneficiosas, y muchas vienen con piedras entretejidas y usan una gama de infrarrojos que ayudan a reducir la inflamación.

---

13. James L. Oschman *et al.:* «The Effects of Grounding (Earthing) on Inflammation, the Immune Response, Wound Healing, and Prevention and Treatment of Chronic Inflammatory and Autoimmune Diseases», *Journal of Inflammation Research* 8, pp. 83-96 (24 de marzo de 2015). https://doi.org/10.2147/JIR. S69656

PRÁCTICA
■ ▬ ■ ▬ ■

Grounding para el chakra del corazón

Encuentra un lugar tranquilo en un entorno natural donde puedas estar de pie (preferiblemente descalza), sentado o tumbado y sin que nadie te moleste.

Masajea suavemente durante un rato la piel que rodea la uña de ambos dedos meñiques. Según la MTC, esto sirve para estimular el meridiano del corazón y, por extensión, también el chakra del corazón.

Respira profundamente varias veces y relájate.

Coloca las palmas de las manos sobre la superficie de la tierra y concéntrate en tus dedos meñiques. Visualiza el flujo de electrones de apoyo vital emanando de la tierra y conectando con tus manos y tus dedos meñiques. Sé consciente de que esta interacción natural está apoyando a tu corazón y a tu chakra del corazón. Permanece en este espacio el tiempo que desees.

Kinesiología: Aristóteles acuñó la palabra *kinesiología* en el año 300 a. C. para describir el movimiento del cuerpo físico. En la década de 1960, el Dr. George Goodheart, basándose en el trabajo de Aristóteles, desarrolló la técnica de la kinesiología aplicada. Esta técnica utiliza la manipulación muscular para identificar y corregir desequilibrios corporales.

Esta modalidad también detecta los desequilibrios de los chakras a través de los meridianos asociados a cada uno de ellos. Los meridianos vinculados al chakra del corazón son los del corazón, la circulación y los sexuales. Durante las sesiones, los kinesiólogos cualificados acceden a las conexiones subconscientes y liberan experiencias y acontecimientos del pasado que están provocando bloqueos y desequilibrios en el chakra del corazón.

Terapias de sonido: Según diversas investigaciones, las frecuencias de apoyo del cuarto chakra se sitúan en el rango de 349 Hz a 440 Hz. Yo suelo trabajar con 417 Hz, una de las tres frecuencias de solfeo que, según la numerología, está vinculada al plano físico o terrestre. Las otras dos son las de 174 Hz y 741 Hz.

Otra de mis frecuencias preferidas para equilibrar el chakra del corazón es la de 528 Hz, que suele describirse como la «frecuencia del amor».

Terapias basadas en las frecuencias: Estas terapias utilizan dispositivos generadores de una frecuencia de bajo voltaje (como la máquina Rife) y electrodos conductivos que envían vibraciones terapéuticas al cuerpo para tratar los factores que provocan las enfermedades y los desequilibrios físicos.

Para el chakra del corazón, y sus órganos y meridianos correspondientes, se eligen las vibraciones de resonancia óptimas que prescribe la MTC. Gracias a la naturaleza conductiva de los meridianos, al recibir las vibraciones, éstas equilibran energéticamente los órganos afectados.

Por ejemplo, los bloqueos en el meridiano del corazón pueden llegar a deshacerse con frecuencias de 60 Hz y 3,7 kHz, y los del meridiano del pulmón con frecuencias de 10 Hz y 46 kHz.

Remedios tangibles

Estos remedios son «medicinas» que se toman de forma oral (gotas o pequeñas pastillas), tópica (aceites, ungüentos o pomadas) o difusa (aceites esenciales), los cuales permiten una rápida absorción e integración en el cuerpo humano. Los aceites esenciales nos influyen a través del olfato y suelen estar disueltos en algún tipo de líquido.

Remedios homeopáticos: La homeopatía es un sistema de medicina alternativa que trata las enfermedades mediante dosis mínimas de sustancias naturales. Durante el diagnóstico, se prescriben las dosis adecuadas para producir una reacción curativa en el paciente sin alterar ni dañar el organismo.

Dado que el chakra del amor silencioso tiene una naturaleza más relacional y espiritual que los tres chakras inferiores, resulta mucho más difícil encontrar un remedio apropiado a sus síntomas. Por este motivo, es recomendable que este tipo de remedios sean prescritos por un profesional cualificado.

Los remedios homeopáticos que promueven las energías del cuarto chakra son, entre otros, el acónito (para las conmociones y los problemas cardíacos y pulmonares), el *aurum metallicum* (para los desequilibrios de la presión arterial, la neumonía y la soledad), el *natrum muriaticum* (para la tristeza, la angustia y los problemas respiratorios) y el haba de san Ignacio (para las conmociones, la tristeza y la sensibilidad emocional).[14]

Esencias florales: Esta antigua modalidad de sanación resurgió a principios del siglo xx, cuando el Dr. Edward Bach descubrió que las esencias florales podían llegar a reequilibrar los trastornos físicos y emocionales dentro de los sistemas energéticos sutiles del ser humano. Aun-

---

14. Estos remedios homeopáticos proceden de qjure.com.

que hay muchas esencias florales de alta capacidad disponibles, aquí presento las que se adaptan mejor a las necesidades del chakra del corazón y cuyos beneficios he tenido la oportunidad de experimentar personalmente.

Remedios de flores de Bach: El Dr. Edward Bach fue la persona que formuló los treinta y ocho remedios líquidos basados en flores. Entre éstos, mis remedios preferidos para el chakra del corazón son la haya (para la compasión y la tolerancia), la achicoria (para el amor incondicional), la enredadera (para la aceptación de los demás) y la violeta de agua (para las conexiones sanas).

Gama de esencias de elementos florales: Lindsay Fauntleroy, acupuntora y escritora, desarrolló esta gama de esencias, describiéndolas como herramientas de autoconciencia que nos introducen a las verdades más elevadas de nuestra alma. (Lindsay también es la autora del capítulo 6 de este libro, capítulo que versa sobre la incorporación de la sabiduría del cuarto chakra). Hay dos esencias de su gama de esencias que resultan especialmente beneficiosas para el chakra del corazón: Wholehearted (para la compasión, el coraje y unas conexiones sanas) y Open (para la sinceridad, la confianza y la vulnerabilidad en las relaciones).

Mi recomendación personal es la mezcla de esencias Wholehearted, ya que fue uno de los remedios que me sostuvieron emocionalmente durante el proceso de separación de mi marido y la transición de mi madre del plano terrenal.

Esencias de flores de Bush: Esta amplia gama de remedios líquidos individuales y mezclas fue creada por Ian White, un herborista australiano. Según Ian, estos remedios son catalizadores que sirven para liberar todo tu potencial, resolver creencias negativas y fomentar la salud emocional y el bienestar. Los remedios que ayudan al cuarto chakra son Relationship Essence (para una conexión sana), Bluebell (para la generosidad y el amor incondicional), Flannel Flower (para la sinceridad, la confianza y la expresión de sentimientos) y Carer's Essence (para la fuerza interior, la resiliencia y el autocuidado).

A continuación, te dejo dos prácticas vibracionales que puedes utilizar para ayudar a tu cuarto chakra.

PRÁCTICA

Sonidos sanadores para el chakra del corazón

La terapia del sonido es una modalidad muy antigua de sanación vibracional. Los seis sonidos sanadores (*Liu Zi Jue*) del Chi kung son una terapia de sonido que lleva utilizándose desde hace siglos para promover el chi (o energía) y crear resonancia en nuestro cuerpo mediante un ejercicio de respiración en seis partes. Para ello es necesario que el aire entre por la nariz y salga lentamente por la boca. En esta práctica, trabajaremos con los sonidos sanadores que crean resonancia en los órganos yin del cuarto chakra, concretamente en el corazón y los pulmones.

Para el corazón

- Respira profundamente tres veces y, a continuación, coloca la mano izquierda sobre el chakra del corazón.
- Inhala y visualiza el color rojo (el color que representa el corazón en la MTC).
- Exhala el sonido sanador del corazón: *Jaaaaa*. Visualiza esta exhalación como si saliera de tu corazón o de tu chakra del corazón.
- Exhala y visualiza las dañinas energías de la indiferencia, la intransigencia y la falta de perdón abandonando tu corazón. Mientras inhalas, visualiza esas energías al ser reemplazadas por el amor, la sanación y la alegría.

Para los pulmones

- Respira profundamente tres veces y, a continuación, coloca la mano izquierda sobre el chakra del corazón.
- Inhala y visualiza el color blanco (el color que representa los pulmones en la MTC).
- Exhala el sonido sanador de los pulmones: *Sssss*. Visualiza esta exhalación como si saliera de tus pulmones, a ambos lados de tu chakra del corazón.
- Exhala y visualiza las dañinas energías de la aflicción no resuelta y la tristeza paralizadora abandonando tus pulmones. Mientras inhalas, visualízalas al ser reemplazadas por el coraje y la capacidad de enfrentarte al futuro.

Resumen

A través de estos hermosos remedios vibracionales centrados en el corazón, serás capaz de equilibrar el amor propio con el amor que das a los demás, además de encontrar la sanación de la forma más armoniosa y pacífica posible.

En este capítulo, hemos visto varios remedios y prácticas para fomentar todos los aspectos del afectuoso y empático chakra *anahata*. Te animo a descubrir qué sucede al enviar al mundo tus frecuencias de amor únicas desde tu chakra del corazón.

10
Cristales, minerales y piedras

Margaret Ann Lembo

La selección de piedras para potenciar el cuarto chakra no sólo es una actividad fructífera, sino también agradable. Aquellas que elijas ayudarán a reforzar el propósito central del chakra del corazón: cultivar el amor.

Cuando te centras en el chakra del corazón, reconoces que tu verdadera esencia es el amor; que estás hecho de amor. Las piedras de las que hablaré en este capítulo te ayudarán a ser más cariñoso en todo lo que hagas, digas, pienses, sientas, huelas, saborees y descubras.

El color primario del cuarto chakra, o chakra del amor silencioso, es el verde, por tanto, te recomiendo que selecciones principalmente piedras verdes para fomentar un chakra saludable. El color secundario con el que yo suelo trabajar para este chakra es el rosa. La vibración del rosa en el corazón resulta de la combinación energética del rojo del chakra raíz y el blanco del chakra corona. Así que elige piedras rosas o verdes para equilibrar y alinear tu centro cardíaco, lo que te permitirá recalibrar el chakra con la clara intención de que vibre con el «ritmo del amor».

Las relaciones están en todas partes

Aquello en lo que centras tu atención se convierte en tu realidad, de modo que es muy importante mantener la atención en aquello que deseas experimentar en tu vida. Esto es especialmente así con las relaciones. Entablamos relaciones con todo, incluso con las cosas aparentemente más insignificantes de nuestra vida. Esto parece obvio cuando hablamos de las relaciones con otras personas, pero, para mucha gente, la relación que tenemos con nosotros mismos es menos clara.

Las conexiones que nos unen a los demás pueden ser de muchos tipos y niveles; entre otras, tenemos relaciones con amigos, vecinos, conocidos, compañeros de trabajo, empleados, supervisores, figuras de autoridad, familiares cercanos y lejanos, etcétera. Además, existe la relación que nos une a la naturaleza en todas sus formas, por ejemplo, con los animales que nos rodean, e incluso la relación que establecemos con los objetos inanimados, como coches, ordenadores, televisores u otros.

Aunque la conexión con nosotros mismos es tan compleja como las otras relaciones, a menudo, requiere una intención consciente para que reparemos en ella.

Intención

La intención es fundamental para el trabajo de equilibrio y sanación de los chakras a través de las piedras. Para elegir la piedra perfecta que exprese tu intención, concéntrate en la imagen o el pensamiento de tu intención y, a continuación, observa los cristales disponibles, ya sea en una tienda o en tu colección privada. Yo te recomendaré qué piedras puedes usar, pero si te atrae una en especial, déjate llevar por tu instinto y por la que te resulte más atractiva. Conecta tu pensamiento positivo con esa gema y observa cómo tu mundo se realinea con lo que has decidido que quieres crear.

Cuando una piedra se alinea con una afirmación diaria, la piedra amplifica esa intención, por lo que, más adelante, he incluido ejemplos de afirmaciones en las explicaciones de las piedras recomendadas.

Vivir y amar incondicionalmente usando piedras

Amarte a ti mismo de un modo incondicional es el primer paso para despertar tu centro del corazón. Para estimularlo, debes conocerte mejor, cuidarte de una forma más plena y pasar tiempo de calidad contigo mismo.

Vivir y amar incondicionalmente son dos cosas muy similares. Recuerda que, cuando amas de verdad a alguien, no pones tu amor en suspenso porque esa persona no se comporte como tú quieres o como dicta la sociedad. Cabe la posibilidad de que su forma de expresar el amor no coincida con la tuya.

Éstas son algunas de mis piedras favoritas para posibilitar el amor puro e incondicional:

La calcita va muy bien durante los procesos de cambio. Existen dos variedades, de color verde y rosa, y ambas son muy efectivas. Se trata de una piedra muy vigorizante para tu centro del corazón durante los procesos de transición como, por ejemplo, el matrimonio o el divorcio, o cambios en cualquier otra relación, incluidas las relaciones en el ámbito laboral. Con la calcita, puedes utilizar afirmaciones del tipo: *Incluso en un mundo cambiante, me siento firme y seguro. Soy una persona amable y considerada por naturaleza. Me gustan las relaciones cariñosas.*

La kunzita es un recordatorio de que el amor es la respuesta a todo. Utiliza esta piedra para irradiar amor en un amplio radio a tu alrededor. Recuerda que, si el chakra del corazón es el centro de tu conciencia, el amor es de lo que estás hecha realmente. La kunzita nos ayuda a mantener la concentración y la atención en el chakra del corazón y en el amor. Con esta gema en la mano, transmite telepáticamente pensamientos de amor a otras personas, lugares y cosas para hacer de este mundo un lugar mejor. Es ideal usar esta piedra en circunstancias donde las palabras y los pensamientos son discordantes, pues ayudará a transformarlos y transmutarlos en interacciones armoniosas. Las siguientes afirmaciones reforzarán el poder de la kunzita: *¡Estoy tan agradecido de ser feliz! Me siento reconfortado. Sé que he sido bendecido. Irradio y atraigo el amor.*

El cuarzo rosa activa el chakra del corazón convirtiéndolo en el puente que une los tres chakras superiores y los tres inferiores. Esto es muy importante porque este puente ayuda a conectar tu existencia humana como individuo anclado a este planeta con tu dimensión espiritual. El cuarzo rosa alinea nuestra conciencia con el amor divino, la compasión, la misericordia, la tolerancia y la bondad. Expresa tus propias afirmaciones para el esplendor del cuarzo rosa o prueba esta: *Reconozco, acepto y respeto los diferentes sistemas de creencias.*

Relación consciente

A medida que te desarrollas espiritualmente, entablas relaciones mucho más conscientes. Una relación consciente implica la capacidad de observarte a ti mismo desde varios puntos de vista y estar auténticamente presente en la relación. Debido a nuestras experiencias previas, tanto buenas como malas, a veces es necesario un gran coraje para superar el dolor o el miedo al fracaso y empezar una nueva relación. Las piedras pueden ayudarte.

Como hemos dicho anteriormente, las piedras del chakra del corazón pueden ser cualquier gema rosa o verde. Aquí tienes algunas propuestas para cuando estés trabajando en una relación consciente; también he añadido una piedra transparente.

La danburita, la piedra de la armonía y las relaciones beneficiosas, es una excelente herramienta para conectar con el amor espiritual superior. La danburita te da fuerzas para conectar con tu vibración más elevada, alineándote con tu propósito divino y tu corazón sagrado. Mira la danburita para imaginar y manifestar relaciones espiritualmente alineadas.

Esta piedra ayuda a mantener una actitud cooperativa para crear una atmósfera de felicidad y brinda energía para ayudarte a forjar amistades valiosas, relaciones románticas o incluso un matrimonio duradero. Atrae la vibración de la danburita con estas afirmaciones: *Irradio luz y amor. Emano una vibración armoniosa y la gente se siente tranquila a mi lado. He sido bendecido con una pareja fantástica, conocida o desconocida. Tengo unos amigos increíbles.*

El rubí sobre fucsita vibra con la energía del amor romántico alineado espiritualmente. La suave vibración verde de la fucsita te incita suavemente a aceptar amistades y relaciones, mientras que el brillante rubí te da la energía que necesitas para acogerlas con los brazos abiertos. Intenta mostrarte más extrovertido y dispuesto a conectar con los demás. Piensa en la posibilidad de volver a tener una relación romántica o reactivar una ya existente. Abraza tu poder personal, reconoce tu magnificencia y disfruta de las interacciones satisfactorias con los demás. Te recomiendo que uses las siguientes afirmaciones: *Soy muy cariñoso. Mis amigos, compañeros y colegas son lo mejor en muchos sentidos. Me encanta compartir mi amor y mi vida con los demás.*

El cuarzo maestro tabular es fácilmente identificable por su forma, ya que dos lados del cristal son mucho más anchos que los otros cuatro. Plano y en forma de tableta, transmite fácilmente el lenguaje de la luz mediante la intención consciente del usuario. Estos cristales de cuarzo son especialmente adecuados para la comunicación, incluidos los enlaces telepáticos o la comunicación entre dos corazones o dos mentes. Este tipo de cuarzo es el consejero matrimonial del mundo de las gemas porque favorece la buena comunicación, y la clave de una buena relación es la capacidad de comunicarse bien y escuchar mejor. Cuando sabes que te escuchan y puedes ser sincero con la otra persona, la relación termina siendo mucho más relajada. Utiliza afirmaciones como las siguientes para potenciar las características de esta piedra: *Siento que me escuchan y me comprenden. Cuando me expreso, visualizo y envío imágenes mentales. Me comunico desde el espacio de mi corazón a todos los demás corazones.*

Equilibrio emocional y sanación desde el corazón

A medida que adquieres una comprensión más profunda de los chakras, también desarrollas una comprensión más profunda de los demás, de sus problemas emocionales y de los tuyos propios. Esta mirada íntima a cada aspecto de la naturaleza humana hace que dejes de juzgarte a ti mismo y a los demás. A medida que abres tu corazón, estás permitiendo que el juicio dé paso a la simple observación.

Los sentimientos son la manifestación de las emociones, aspectos de nuestra conciencia humana que responden a deseos y afectos. Son estados emocionales entre los que encontramos la conciencia, las impresiones y la intuición, y que abarcan emociones superiores como, por ejemplo, la sensatez o la sensibilidad.

Las emociones surgen espontáneamente, sin esfuerzo consciente. De repente, una emoción que no esperabas, como la alegría, la tristeza, el amor o el desagrado, brota de tu interior, sorprendiéndote, tanto a ti como a todos los que te rodean. Las siguientes piedras pueden ayudarte a fomentar la aceptación centrada en el corazón de cualquier sentimiento que surja.

La crisoprasa es una piedra asociada al chakra del corazón que puedes utilizar para abrir tu corazón, lo que te permitirá dar más amor y, aún más importante, recibirlo. La crisoprasa favorece los sentimientos de compasión por uno mismo cuando nos damos cuenta de que los pensamientos repetitivos están atrayendo situaciones que no deseamos. Se trata de una gema de la variedad calcedonia, de color verde claro, pero puede variar hasta el verde oscuro. Debido a la relajante energía del color verde, se puede utilizar la crisoprasa como bálsamo para curar un corazón roto o cuando nos sentimos emocionalmente vulnerables. Éstas son algunas hermosas afirmaciones que puedes usar con esta piedra: *Todo va bien. Tengo el corazón abierto. Estoy abierto al amor y soy muy cariñoso. Me cuido y me nutro.*

La rodocrosita es una piedra con un color que puede ir del rosa rojizo al marrón claro y que transporta la energía del corazón al ombligo, tendiendo un puente entre los dos chakras. Los desafíos y las emociones ocultas almacenadas en el ombligo necesitan amor. Es muy sencillo: la clave para restablecer el equilibrio consiste en infundir más amor donde hay dolor, tristeza o angustia, y la rodocrosita ofrece un puente para que pueda llegar el amor. Abre tu corazón para deshacerte de sentimientos previos de dolor o miedo mientras expresas afirmaciones como éstas: *Soy cariñoso y estoy equilibrado a todos los niveles. Tengo el valor de manifestar mi propósito en la vida.*

La rodonita ayuda a restablecer el equilibrio emocional después de un período de duelo tras una pérdida o decepción. Cuando estás en un período de reequilibrio emocional o recuperándote de una pérdida personal, esta piedra te recuerda que es muy importante tomarse el tiempo necesario para recuperarse. Esta gema rosada ayuda a conectar el corazón con la mente y ofrece apoyo en momentos de angustia y tristeza. Usa las siguientes afirmaciones: *Siempre estoy restaurando y sanando mi cuerpo. Me siento nutrido y satisfecho.*

PRÁCTICA

Absorbiendo los colores del chakra del corazón

Imagina que un remolino de color verde y rosa gira a tu alrededor. En el interior del remolino están las personas que quieres y te quieren. También está presente la energía de los buenos amigos y la naturaleza. Imagina que permites que todos estos buenos sentimientos te envuelvan como tu manta o almohada favorita. Sé consciente de que eres una persona amada.

Resumen

Centrarte en el amor en todo lo que haces, dices y piensas es esencial para tener un cuarto chakra sano. Tus pensamientos, palabras y acciones centradas en el amor fortalecerán la bondad y la compasión hacia ti mismo y hacia los que te rodean. Usa las gemas que hemos visto en este capítulo cuando necesites recordar que estás hecho de amor. Para que tu vida refleje tu máximo potencial, es importante que las uses con intención y centrándote en lo positivo. Deja que las gemas te guíen para mejorar tu comportamiento y atraer nuevos amigos o una pareja romántica. Recuerda que damos forma a nuestra vida mediante los pensamientos, las acciones, las palabras y los actos. Tus intenciones vibran en el mundo y regresan a ti para dar forma a tu realidad. Deja que los cristales, los minerales y las piedras te ayuden a fijar la visión donde estás emitiendo amor, bondad y tolerancia desde la generosidad de tu cuarto chakra.

11
Mantras de sanación

Blake Tedder

Cuando tenía poco más de veinte años, conocí el yoga y a un sabio maestro que me introdujo en el poder sanador de las palabras sagradas, los mantras, y mi vida cambió completamente. En este capítulo te enseñaré a acceder a la hermosa medicina de los mantras. Aunque gracias a ellos puedes mejorar cualquier aspecto de tu vida, resuenan especialmente al emplearlos para el chakra del corazón, el cual anhela relaciones y conexión. Te mostraré cómo pueden usarse estas poderosas herramientas vibracionales para revelar el amor y promover la sanación a través del chakra del corazón. También te proporcionaré prácticas para inducir un estado nítido y despejado donde tu corazón pueda abrirse para mejorar todos los aspectos de tu vida.

Primero me gustaría compartir brevemente lo importante que ha sido el mantra para mi vida. Antes de conocer la existencia del yoga y el mantra, tenía razones más que suficientes para encerrarme en casa y aislarme del mundo. Seis años antes había sobrevivido a un accidente aéreo en las montañas de Colorado que me provocaron graves quemaduras en el 35 % del cuerpo. La recuperación incluyó doce intervenciones quirúrgicas de importancia y tres inciertos meses en la UCI de un hospital. La experiencia me provocó un severo trastorno de estrés postraumático (TEPT). La ansiedad extrema, la disociación, la ira, la soledad y la alienación social eran intratables.

Mi maestro me guio a través de una profunda experiencia con mantras y kirtan semanales, cantos devocionales de mantras en grupo. Mi corazón empezó a recuperarse. Empecé a comprender cómo aceptar, e incluso amar, mi vida, y a experimentar alegrías y relaciones que no creía posibles. El mantra redujo mi sensación de alienación y me permitió mostrar mi auténtico yo y mis vulnerabilidades a los demás. Me dejé llevar por la expansión de mi chakra del corazón y amplifiqué su creciente amor por el mantra y el kirtan creando un programa de radio de kirtan que ha recibido un reconocimiento internacional. Vivía y respiraba la música mantra, e incluso dirigía grupos de kirtan. Sabía que, por fin, había encontrado una herramienta fiable para contrarrestar las fuerzas limitantes del TEPT. ¡Menudo regalo!

¿Qué es un mantra?

Los mantras son poderosas herramientas vibracionales y simbólicas con los que se puede recitar, cantar y meditar para producir un efecto en tu sistema energético. La palabra *mantra* proviene del sánscrito y es la combinación de *manas*, «mente pensante», y *tra*, «instrumento/herramienta». Mi traducción favorita es «protector de la mente», un vehículo que ayuda a centrar la mente y alejar las distracciones y los pensamientos negativos a los que nos hemos acostumbrado.

Existen muchos tipos de mantras en el hinduismo, el budismo y el sijismo. La mayoría hunden sus raíces en el sánscrito, la lengua espiritual de la antigua India. Su funcionamiento es muy distinto al de las letras en español, ya que los componentes básicos del sánscrito son sonidos vibratorios con un significado espiritual que están diseñados para resonar con zonas específicas de nuestro cuerpo sutil y nuestros chakras.

Los mantras tradicionales son palabras sagradas, frases, fórmulas y, en algunas tradiciones, nombres de deidades. Muchos están asociados a antiguas historias y protocolos de pronunciación que se remontan a miles de años. Para alguien familiarizado con estos elementos, trabajar con mantras es una experiencia extremadamente poderosa. Incluso sin una comprensión profunda, podemos obtener numerosos beneficios recitando mantras con sinceridad y una buena predisposición, especialmente si tenemos fe en su medicina.

Los mantras y el poder de los pensamientos

Recuerda la última vez que sentiste el impulso de hacer algo por otra persona, pero tus miedos y preocupaciones te echaron para atrás. Es lo que suele ocurrirme a mí cuando paso por delante de alguien que está pidiendo limosna en la calle. Mientras miro despreocupadamente hacia otro lado, mi corazón me grita que me detenga y conecte con aquel ser humano. Mi mente intenta convencerme con argumentos conocidos como «Ya llego tarde» o «Usará el dinero para comprar drogas». Pero en el fondo sé que mi mente no está dispuesta a asumir la vergüenza que sentiría si realmente me enfrentara a la incongruencia de nuestras vidas. Mi chakra del corazón, sin embargo, no siente esa preocupación. Él sólo quiere conectar y sanar.

La principal tarea de la mente es mantenernos en relativa seguridad física y psicológica. Las experiencias anteriores se superponen a las presentes como si fueran una especie de velo, limitando lo que experimentamos para protegernos de nuestro propio miedo y dolor psicológico. Aunque, evidentemente, es lógico tener miedo al peligro físico, la mente también puede desbordarse y llenar el chakra del corazón de ansiedades y estrategias para evitar que el *statu quo* se vea alterado. Los mantras son muy útiles para trastocar los patrones habituales.

Al entonar antiguos mantras en sánscrito u otras lenguas espirituales, manipulamos directamente los patrones mentales de nuestros sistemas energéticos con sus esencias espirituales y vibratorias. Estos mecanismos sutiles son tan avanzados que quedan más allá de mi comprensión; sin embargo, después de experimentar de forma fiable sus efectos y de reconocer su notable pervivencia a lo largo de la historia, tengo fe en su poder. Si miles de generaciones que nos preceden se han tomado la molestia de transmitir hasta el presente estas frases sagradas, es porque deben de tener algo realmente poderoso.

PRÁCTICA

Empieza sólo con la esencia

Dado que el chakra del corazón está situado en el pecho, el cual es una cámara de resonancia para la voz humana, recitar y cantar mantras son prácticas ideales para descomponer los patrones que nos impiden expresar amor y conectar con los demás. Esta primera práctica es una forma sencilla de experimentar dicho efecto.

Cada chakra tiene asociado un sonido vocal en sánscrito que puedes usar como herramienta para activarlo y equilibrarlo. Cuando se entonan, estos sonidos semilla, o *mantras bija*, actúan como semillas vibratorias que se plantan en tu sistema energético. Cada sonido invita a que su chakra asociado se exprese. Para *anahata*, el sonido semilla es *Yam*, que puede pronunciarse «yum» o «yam».

Dedica un tiempo a estar sentado tranquilamente en un lugar donde no te sientas cohibido si alguien te oye. Respira profundamente varias veces mientras liberas conscientemente toda la tensión de tu cuerpo. Siéntate con la espalda recta y expande el pecho y la garganta. Calienta las cuerdas vocales y el diafragma con sonidos profundos de *ah* (que se pronuncia «oh») al exhalar. Entona el sonido con el poder del vientre y siéntelo reverberar en la cavidad torácica. Repítelo diez veces.

Ahora programa un temporizador de cinco a diez minutos. Concentra tu atención en la zona que queda justo detrás del esternón. Inhala profundamente y entona el sonido de *Yam* del mismo modo durante todo el tiempo que dure la exhalación. A continuación, mantén la columna erguida, pero empieza a relajar el cuerpo todo lo que puedas.

Siente la vibración de este *mantra bija* en el esternón y cómo irradia en todas direcciones. Imagina que el sonido descompone los patrones de tensión y miedo acumulados alrededor del chakra corazón. Imagina que el chakra del corazón se expande y encuentra un nuevo equilibrio en la vibración de tu voz. Cuando suene el temporizador, presta atención a cómo te sientes. Deja que lo que sientes quede registrado en tu experiencia.

Los brazos y las manos son extensiones físicas del chakra del corazón, por lo que resulta muy útil poner las manos en posición de oración con los pulgares apoyados en el esternón. Esto creará un bucle positivo que retornará al chakra del corazón y que te permitirá sentir más fácilmente las vibraciones en las manos y el pecho.

Tras unas cuantas sesiones recitando el *mantra bija* en voz alta, intenta repetir el sonido en tu cabeza, en silencio. Puedes utilizar este *mantra bija* cuando quieras invocar el poder de tu cuarto chakra. Puede resultar especialmente útil en combinación con cualquiera de las posturas de yoga del capítulo 5.

PRÁCTICA

Trabaja con un mantra tradicional

Aunque todos los chakras responderán a su *mantra bija*, con los mantras tradicionales obtendrás mayores beneficios. Existen muchos mantras tradicionales asociados con el chakra del corazón, especialmente cuando se recitan en el contexto de las prácticas devocionales. De hecho, el *bhakti* es un sistema yóguico que gira en torno a los cánticos devocionales para fomentar la apertura del corazón, especialmente la tradición de canto comunitario conocida como kirtan.

En esta práctica, entonarás un mantra hindú muy popular de tres maneras distintas: en voz alta, como hiciste antes; en voz muy baja o en silencio con un *japa mala* y, por último, cantando.

El mantra que debes recitar es este:

Om Namo Bhagavate Vasudevaya
(pronunciado Om NA-mo BAG-u-VA-tey
VA-su-DE-vai-ya)

Pese a que no se puede expresar claramente en español su verdadero poder espiritual, una traducción aproximada, palabra por palabra, de este mantra puede resultar útil para orientarse en él.

Om suele considerarse el «sonido universal» o «sonido primigenio». Representa la esencia de la realidad última, la conciencia y el universo entero. Om se canta al principio de muchos mantras para invocar la energía espiritual y conectar con lo Divino. *Namo* puede traducirse como «me inclino ante» u «ofrezco mis saludos a». Se trata de una expresión de respeto y humildad. *Bhagavate* es un término que suele usarse para referirnos a Dios o a lo Divino de una forma personal, cariñosa y reverencial, aunque también significa el Ser Supremo como la fuente de toda existencia y la realidad última. Por último, *Vasudevaya* es el nombre de Krishna, una deidad venerada en el hinduismo. Al entonar este mantra, estás invocando los aspectos de la Divinidad vinculados al amor y asociados con Krishna: el amor romántico, el amor de los padres por sus hijos y el amor supremo, por citar sólo algunos. Este mantra tiene una larga historia y múltiples significados, por lo que te invito a que leas más sobre él.

Para empezar, tal y como has hecho antes, cantarás de forma audible. Prepárate como hiciste con la práctica del *mantra bija*. A continuación, repite toda la práctica con el mantra *Om Namo Bhagavate Vasudevaya*. Los cantos en voz alta como éste son la base de las prácticas con mantras.

A continuación, practica la meditación *japa*, la cual consiste en repetir en silencio o susurrando el mantra ayudándote de un collar de 108 cuentas de meditación (conocido como *japa mala*) para llevar la cuenta. Con el *japa mala* acomodado alrededor del dedo corazón y empezando por la cuenta de mayor tamaño, o cuenta gurú, usa el pulgar para ir recorriendo lentamente todas las cuentas, tirando de ellas hacia ti. Repite el mantra una vez por cada cuenta. Después de un ciclo completo, si quieres continuar, dale la vuelta al *japa mala* y empieza a contar en la otra dirección. Asegúrate de no pasar nunca por encima de la cuenta gurú. Ésta es una práctica muy meditativa que te ayudará mucho con el siguiente método.

Por último, canta *Om Namo Bhagavate Vasudevaya* con una melodía de tu elección; si tocas algún instrumento, puedes acompañarte de él. Elige una melodía fácil e inspiradora. Tengo una buena amiga que utiliza la famosa «Oda a la alegría» de la Novena Sinfonía de Beethoven para muchos mantras. Como el chakra del corazón busca la conexión y la armonía, cantar en compañía de otras personas hace que esta práctica sea más alegre y eficaz. Si te gusta cantar, te animo a que busques grupos locales de kirtan.

PRÁCTICA

Crear un mantra personal

Aunque puede que no disponga de la tecnología espiritual de una lengua tan antigua como el sánscrito, tener un mantra personal puede ser muy significativo y útil. En esta última práctica, te daré las pautas para que puedas crear tu propio mantra personal, el cual se convertirá en una especie de señuelo para volver a abrir tu chakra del corazón. Del mismo modo en que un recuerdo de viaje se convierte en un portal que nos permite recuperar grandes recuerdos y sentimientos expansivos, los mantras creados durante períodos de sanación, conexión y apertura pueden convertirse en herramientas personalizadas para estimular a *anahata*.

Para esta práctica deberás generar palabras o frases impregnadas de la energía expansiva de tu chakra del corazón. Para ello, busca en tus experiencias pasadas momentos de expresión sincera del chakra del corazón. Por ejemplo, es posible que sintieras una gran emoción al practicar tu afición favorita, cuando nació tu hijo, durante unas vacaciones increíbles o simplemente en una comida familiar.

Visualiza uno de esos momentos importantes y trata de experimentar plenamente los sentimientos de amor que experimentaste en su momento. Sumérgete en ellos. A continuación, aférrate a la experiencia y dirige tu atención hacia la evolución de las sensaciones físicas en la zona del chakra del corazón. Es posible que notes cómo la sensación de pesadez va dando paso a una de ligereza. O que respiras mejor, te sientes alegre pero anclado o tienes la sensación de que todo va bien. Siempre que puedas, baja el ritmo y céntrate en lo que sientes.

Ahora la experiencia ya está preparada para escuchar frases sencillas que sinteticen el momento. Puede ser cualquier sonido o sonidos, y sólo tú puedes saber cuál es el más adecuado. Estás fabricando tu propia medicina. Frases como «De corazón a corazón», «Aquí estamos», «Disfrutar del compañerismo» y «Sí, sí» son algunos ejemplos sencillos. Lo más importante es que permitas que la frase que te parezca más adecuada y que te guste decir, entonar o cantar repetidamente surja de una forma espontánea.

Resumen

Los mantras son herramientas poderosas que pueden alterar patrones de pensamiento restrictivos, especialmente aquellos que limitan la expresión del cuarto chakra. Gracias a las tres prácticas que hemos presentado en este capítulo –entonar el *mantra bija*, entonar o cantar un mantra tradicional en sánscrito y crear tu propio mantra–, ahora dispones de algunas herramientas básicas para influir y activar tu cuarto chakra.

Con un chakra del corazón sano y completo te resultará más fácil abandonar tu escondite energético, lo que te permitirá conectar de una forma más sencilla contigo mismo y con los demás. A pesar de tu historia, o de las historias que te cuentas a ti mismo, puedes mostrarte ante el mundo con un corazón audaz y sin límites.

12
Colores y formas

Gina Nicole

Existen diversas formas, todas ellas maravillosas y naturales, de activar y armonizar el chakra del corazón para disfrutar de una vida llena de vitalidad. Dos de mis métodos favoritos son el uso de colores y formas de amplio espectro. En este capítulo aprenderás a aprovechar estos métodos para poder armonizar tu chakra del corazón.

Mi viaje personal al cuarto chakra

Cuando empecé a estudiar con Cyndi, hace ya muchos años, tuve una especie de revelación al descubrir que el cuarto chakra se activa entre los 4 años y medio y los 6 años y medio. Por aquel entonces había estado yendo a terapia, donde conseguí sacar a la superficie una experiencia de abuso sexual que había sufrido en esa etapa de mi infancia, pero que había olvidado completamente.

Ese descubrimiento me ayudó a darme cuenta de que algunas de las cosas que había aprendido de mi familia y cuál era mi lugar en «la manada» eran dos cosas distintas, lo cual me empujó a emprender un viaje de sanación del chakra del corazón.

No es necesario que domines las artes sanadoras para aplicar estos conceptos a tu propio corazón. Sólo tienes que escuchar a tu cuerpo, prestar atención a la sabiduría del cuarto chakra y usar el amor en todo lo que haces.

Trabajar con formas

Aunque existen formas que puedes usar para activar el cuarto chakra, especialmente tres son muy útiles para reforzarlo:

El signo del infinito

Beneficios: Dado que el aire es el elemento del chakra del corazón, todo está relacionado con el espacio, el crecimiento y la capacidad para sentir el infinito. Por lo tanto, el signo del infinito es un símbolo ideal para activar en el interior del chakra del corazón. Representa el amor incondicional que perdura eternamente, la fe en la fuente de energía, y para algunas personas también puede simbolizar el amor eterno.

Visualmente: El símbolo del infinito parece un ocho en posición horizontal, un bucle continuo e ininterrumpido formado normalmente por dos bucles entrelazados. Imagina este símbolo en el centro de tu corazón, activando el amor infinito o posibilidades ilimitadas.

Cualidades cuando se utiliza en exceso: Perfeccionismo, dualismo.

Corazón

Beneficios: Los corazones se suelen utilizar para describir aspectos del cuarto chakra como, por ejemplo, el afecto, la emoción y el amor. A menudo, se utilizan para representar el centro de nuestras emociones.

Visualmente: Imagina una forma de corazón bonita, brillante e iluminada en el centro de tu corazón o alrededor de algo a lo que te gustaría enviar más amor. Los bordes del corazón favorecen la protección y el cuidado de las relaciones. Puedes imaginarlos alrededor de cualquier persona, lugar o cosa para aumentar el amor incondicional y la armonía.

Cualidades cuando se utiliza en exceso: Exceso de confianza o de generosidad.

Rosa

Beneficios: Las rosas están asociadas a las cualidades de amor, romance, belleza y valentía del chakra del corazón. También son una de las flores con una frecuencia más alta.

Visualmente: Visualiza una rosa que florece en el espacio de tu corazón. La energía producida por el florecimiento favorece la conexión con la belleza de la naturaleza y llena tu espacio de amor de alta frecuencia. Puedes imaginar rosas alrededor de cualquier persona, lugar o cosa para aumentar su frecuencia vibracional. Todas las flores están conectadas con el elemento fuego, el cual activa la purificación, la transmutación, la pasión y la asertividad.

Cualidades cuando se utiliza en exceso: Exceso de asertividad y agresividad, desear demasiadas cosas.

PRÁCTICA

Activar el aire usando una forma

El elemento del chakra del corazón es el aire. Al trabajar con la energía del chakra del corazón va muy bien infusionar el aire que te rodea, algo que puedes hacer activando el aire que respiras. El objetivo es moverse libremente como el aire y saturarlo de amor.

Imagina que llevas una de las formas anteriores al centro de tu corazón. Al inhalar, siente cómo el aliento empuja tu vientre hacia fuera, y al exhalar, envía la forma que has elegido desde tu corazón y tu respiración al aire que te rodea. Mientras lo haces, visualiza cómo se materializa tu deseo con el ojo de tu mente. Al mismo tiempo, proclama una afirmación en presente para hacer realidad tu intención. Por ejemplo:

Estoy conectado en alta frecuencia.
Respiro amor allá donde voy.

Puedes explorar distintas formas e intenciones, cambiando la afirmación anterior para adaptarla a tu deseo. Por ejemplo, usa un círculo para los límites o una rosa para las conexiones de alta frecuencia.

PRÁCTICA

Usar espirales para liberar tensiones

La espiral está asociada tradicionalmente con el chakra del corazón, así que puedes usar esta forma para activar la energía de tu corazón y liberar todos los bloqueos que lo limitan. Yo lo hago del siguiente modo: me imagino que la energía sale de mi corazón, me baja por los brazos hasta llegar a las manos y, entonces, dibujo formas en espiral en mi diario. Como aprendí en los cursos de feng shui, la energía se mueve de forma natural de izquierda a derecha, de modo que dibujo las espirales en esa dirección.

Usa una afirmación como ésta:

Soy energía vital. Me siento fluir en los placeres sensuales que me brinda la vida.

Puedes interactuar con las formas del modo que te parezca más adecuado. Juega con el simbolismo y prueba distintas combinaciones para comprobar sus beneficios.

Cuatro colores para iluminar tu chakra del corazón

Uso cuatro colores para la activación del cuarto chakra, y sólo uno es el verde. Al examinar las aplicaciones de cada color, presta atención a las distintas representaciones, significados y ayuda que proporcionan. En la siguiente sección encontrarás sugerencias sobre cómo utilizar un color concreto para activar y armonizar el chakra del corazón.

Verde

Beneficios: El verde es un color fresco que estimula la renovación. Es el color ideal para utilizar cuando se desea propiciar la sanación emocional o física, deshacerse de lo viejo o anticuado y recargarse de energía natural.

Cualidades cuando se utiliza en exceso: Falta de concentración, incapacidad para terminar un proyecto, implicación excesiva con los problemas de los demás.

Afirmación: El amor revitaliza mis perspectivas y mi energía natural.

Rosa

Beneficios: El rosa estimula las sensaciones de amor incondicional y aceptación. Es una combinación de energía roja (poder) y blanca (espiritual), por lo que tus capacidades de sanación se verán aumentadas de una forma considerable.

Cualidades cuando se utiliza en exceso: Ausencia de seguridad y confianza en uno mismo.

Afirmación: Siento el amor incondicional que me inspira este rosa. Me ayuda a seguir los deseos de mi corazón.

Dorado

Beneficios: El dorado es un color que transmite coraje y promueve la compasión y la unidad, impulsándonos a liderar desde el corazón. Además, es un color que empodera y protege, y que nos induce a armonizar, avanzar con cautela y ver lo mejor en los demás.

Cualidades cuando se utiliza en exceso: Exceso de disciplina, sobreprotector.

Afirmación: Me libero de todo lo que es denso y viejo mientras me fusiono armónicamente con el dorado.

Azul

Beneficios: Aunque el azul no suele relacionarse con el cuarto chakra, va bien imaginar el azul en el centro del corazón cuando tenemos alguna dificultad para ser sinceros, especialmente cuando debemos entablar una conversación con personas difíciles. El azul es un color relajante que te aportará paz y que hará que tus mensajes sean más afectuosos.

Cualidades cuando se utiliza en exceso: Compartir demasiado las emociones, confiar un mensaje a las personas equivocadas.

Afirmación: Al invocar el color azul expreso la verdad que me sale del corazón.

Trabajar con colores

Siempre que alineo mi chakra del corazón con diferentes colores me invade una gran alegría y una sensación de inmensidad. Aunque el cuarto chakra suele estar asociado con el verde, al añadir el rosa, el dorado y el azul, las opciones a tu disposición se multiplican exponencialmente.

A continuación, te presento algunas ideas breves y muy sencillas sobre cómo emplear el color para potenciar tu chakra del corazón:

- Selecciona una paleta de colores para este chakra e imagina que es un lienzo. Prepárate para emprender una colorida aventura con el ojo de tu mente. Para empezar, coge un estuche de pinturas y pinta el espacio del chakra del corazón con verdes, rosas, dorados y azules. Traza pinceladas de izquierda a derecha mientras sientes cómo se expande tu corazón. Forma imágenes específicas o enfatiza uno o más colores en lugar de otros para producir el impacto deseado.
- Intensifica la resonancia con palabras y color. Elige el color del corazón que mejor exprese lo que quieras crear y escribe una afirmación en una hoja de papel con el bolígrafo del color adecuado. ¿Anhelas la armonía? Elige un bolígrafo dorado y escribe algo así como «Mi corazón resuena armónicamente». Lleva el papel a tu pecho y visualiza la hermosa energía dorada dando vueltas alrededor de tu corazón.
- Un jardín en tu corazón. Imagina un jardín exuberante, rebosante de flores de todos los colores. Cada una de ellas simboliza una emoción única o un aspecto de tu corazón. Cuida el jardín, nutre las flores emocionales para que florezcan vibrantes y esplendorosas.

- Genera un caleidoscopio del corazón. Imagina tu chakra del corazón como un caleidoscopio de emociones y energías, cada una ellas representada por los cuatro colores principales del corazón. Gira el caleidoscopio y observa cómo cambian y se mezclan los colores. Entonces, haz una pregunta y vuelve a girar el caleidoscopio para comprobar cómo los distintos tonos formulan una imagen como respuesta.
- ¡Come alimentos de color verde! Sal en busca de lechuga, col rizada y otras verduras de hoja verde. Consulta las recetas que encontrarás en el último capítulo para descubrir cómo puedes prepararlas.
- Involúcrate con los colores de tu corazón con un espíritu jovial y considera la posibilidad de probar todo el espectro de colores disponibles en el arcoíris, y más aún. Recuerda que el color es energía y la energía es color. El chakra del corazón está estrechamente conectado con los demás chakras de tu ser. La unidad de la experiencia humana compartida nos enseña que cada partícula sutil existe en el interior de todo lo demás, enfatizando la interconexión de nuestro mundo interior y exterior.

Resumen

El mundo está hecho de colores y formas. En este capítulo has aprendido que el chakra del corazón –el hogar de la conexión, las relaciones y las habilidades sanadoras– responde maravillosamente bien a una amplia gama de colores y formas distintas. Utiliza tu imaginación, intuición o habilidades decorativas (con la ropa o el interiorismo) para hacer feliz a tu chakra del corazón.

13
Recetas

Primera Parte: Anthony J. W. Benson

Puedes hacerle un gran favor a tu cuarto chakra incorporando en tu dieta una amplia gama de alimentos de color verde. Comprender y cuidar el chakra del corazón mediante este tipo de alimentos favorece el crecimiento emocional y espiritual. También puede contribuir de forma significativa a mejorar la salud cardíaca general. Estos alimentos ricos en nutrientes favorecen la disminución del riesgo de padecer enfermedades cardíacas, ya que reducen los niveles de colesterol, ayudan a controlar la presión arterial y favorecen la función cardiovascular. Como también son muy ricos en antioxidantes, ayudan a combatir la inflamación, previenen el daño en los vasos sanguíneos y reducen el riesgo de complicaciones relacionadas con el corazón.

Todas las mañanas empiezo el día con un té verde ecológico y, a menudo, lo acompaño con una tostada de aguacate. ¡Está delicioso! En mi caso, comer verde me ayuda a mantenerme sereno. Existen muchísimas opciones de alimentos verdes que puedes incluir en todas las comidas; algunos de ellos los encontrarás a continuación. Exploremos juntos los alimentos verdes y tres de mis recetas favoritas del cuarto chakra.

Alimentos verdes beneficiosos para el corazón

Ésta es una lista incompleta de algunos de los alimentos de color verde que te ayudarán a reforzar y equilibrar tu cuarto chakra.

- espárragos
- aguacate
- brécol
- apio
- acelgas
- berza
- pepino
- hojas de diente de león
- manzanas verdes
- lentejas verdes
- té verde
- col kale
- kiwi
- lima
- menta
- perejil
- guisantes
- espinacas
- espirulina
- acelga suiza
- calabacín

Recuerda que, a la hora de decidir qué alimentos vas a consumir, la flexibilidad y la diversidad son fundamentales. Si deseas mantener un chakra del corazón sano y vibrante, no dudes en ampliar tus opciones de comida, probar nuevos alimentos y recetas y ser creativo.

Para ayudarte a diversificar las opciones de tus menús domésticos y revitalizar tu chakra del corazón, más abajo encontrarás tres de mis deliciosas recetas vegetales para el cuarto chakra: una para el desayuno, otra para el almuerzo y la última para la cena. Aunque, por supuesto, puedes prepararlas y comerlas en cualquier momento del día.

Te recomiendo comprar alimentos ecológicos siempre que sea posible, y lavar bien las frutas y verduras para eliminar la suciedad, los residuos, los insectos y los pesticidas.

Espero que disfrutes de estas recetas vegetales y que te ayuden a conectar con tu cuarto chakra y a nutrirlo. Sé creativo y atrévete a adaptarlas en función de tus gustos. Espero que estas recetas te animen a explorar y descubrir otras que te ayuden a armonizar tu cuerpo y tus chakras, además de tu salud y bienestar general.

Reconfortante batido verde para despertarse

1 RACIÓN

Este estupendo batido te hará sentir como cuando sale el Sol un día nublado.

1 taza de piña fresca (si no encuentras piña fresca, puede ser congelada)

1 taza de col kale cortada

1 taza de espinacas cortadas

1 aguacate pequeño, pelado

½ plátano congelado, pelado

El zumo de ¼ de lima fresca

1 taza de leche vegetal

1 taza de agua de coco

Cubitos de hielo (si usas fruta congelada, reduce o elimina los cubitos de hielo en función de la consistencia deseada)

1 cucharada de sirope de arce (opcional y al gusto;
puedes sustituirlo por otro edulcorante natural)

Pela y corta la piña, la col kale, las espinacas y el aguacate y ponlos en una batidora. Añade el plátano congelado, el zumo de la lima y la leche vegetal. Añade los cubitos de hielo y el sirope de arce al gusto. Bate hasta que adquiera una consistencia homogénea y sírvelo frío.

Ensalada de la diosa verde para un corazón feliz
2 RACIONES

Esta creativa ensalada es perfecta para un almuerzo ligero. La quinoa es una proteína muy completa, por lo que esta receta aporta este vital nutriente, así como las grasas y los carbohidratos necesarios para una comida equilibrada.

PARA LA ENSALADA
1 taza de quinoa cruda, enjuagada
2 tazas de agua o caldo de verduras
1 taza de pepino cortado en dados
1 taza de brócoli, picado y ligeramente cocido al vapor
1 taza de espinacas baby
1 aguacate maduro, pelado y cortado en dados
½ taza de guisantes verdes (frescos o congelados y
previamente descongelados)
¼ taza de cebolleta picada
¼ taza de perejil fresco picado
¼ taza de albahaca fresca picada
Otras hierbas o semillas de calabaza o girasol para
adornar (opcional)

Para preparar la ensalada, pon la quinoa enjuagada en una cacerola con agua o el caldo de verduras. Llévalo a ebullición a fuego medio; cuando hierva, baja a fuego lento, tapa la cacerola y déjalo a fuego lento unos 15 minutos o hasta que la quinoa esté cocida y haya absorbido el agua. Ahueca la quinoa con ayuda de un tenedor y déjala enfriar a temperatura ambiente.

PARA EL ALIÑO DE LA DIOSA VERDE

½ taza de espinacas frescas
¼ taza de albahaca fresca
¼ taza de perejil fresco
¼ taza de yogur natural vegetal sin lactosa
2 cucharadas de zumo de limón, envasado o recién exprimido
2 cucharadas de vinagre de sidra de manzana;
1 diente de ajo picado
2 cucharadas de aceite de oliva virgen extra
Sal y pimienta al gusto

Mientras se enfría la quinoa, puedes preparar el aliño. En una batidora o robot de cocina, mezcla todos los ingredientes del aliño. Bátelos bien hasta obtener una mezcla suave y cremosa; corrige los condimentos a tu gusto.

Ya puedes montar la ensalada. En un bol grande combina la quinoa cocida con el resto de los ingredientes de la ensalada. Mézclalo todo con cuidado.

Vierte el aliño sobre la ensalada de quinoa y mezcla con cuidado para que todos los ingredientes queden cubiertos uniformemente con la cremosa salsa.

Reparte la ensalada en cuencos o platos individuales. Para darle un toque crujiente y nutritivo, puedes añadir hierbas frescas o un puñado de semillas, como las de calabaza o girasol.

Salteado cardiosaludable de calabacín y garbanzos

2 RACIONES

PARA EL SALTEADO

2 calabacines medianos, cortados en medias lunas
1 pimiento verde, cortado en rodajas finas
1 lata de 500 g de garbanzos, escurridos y enjuagados, o
    1,5 tazas de garbanzos cocidos
1 taza de tomates cherry cortados por la mitad
1 taza de espinacas baby
1 taza de col kale

PARA LA SALSA

3 dientes de ajo picados
1 cucharada de jengibre fresco rallado
2 cucharadas de tamari o aminoácidos de coco
1 cucharada de aceite de sésamo (o cualquier otro aceite
    de cocina, como el aceite de aguacate)
1 cucharada de vinagre de arroz
1 cucharada de sirope de arce (o cualquier otro
    edulcorante)

OTROS

1 cucharada de semillas de sésamo, para decorar
Hojas de cilantro o perejil fresco, para decorar
Arroz integral cocido o quinoa para acompañar,
    aproximadamente 1 taza por persona

Prepara el calabacín, el pimiento, los garbanzos y los tomates y resérvalos. A continuación, prepara la salsa salada y ligeramente dulce batiendo en un bol pequeño el ajo picado, el jengibre rallado, el tamari, el aceite de sésamo, el vinagre de arroz y el sirope de arce.

Prepara el salteado calentando primero una sartén grande o un wok a fuego medio-alto. Añade un poco de agua o de aceite a la sartén. Cuando la sartén esté caliente, añade el calabacín y el pimiento verde cortados en rodajas y sofríelos de 3 a 4 minutos o hasta que las verduras empiecen a ablandarse. Añade los garbanzos a la sartén o wok y saltéalos durante otros 2 minutos. Incorpora los tomates cherry cortados por la mitad y sigue salteando de 1 a 2 minutos.

Vierte la salsa preparada sobre las verduras y los garbanzos, asegurándote de que queden cubiertos uniformemente. Añade las espinacas baby y las hojas de col kale a la sartén y remueve con cuidado hasta que las espinacas reduzcan su volumen y todo esté bien mezclado.

Retira la sartén del fuego. Sirve el salteado cardiosaludable sobre quinoa cocida o arroz integral. Adorna con semillas de sésamo y hojas frescas de cilantro o perejil para añadir sabor y presencia al plato.

Nota: ¿Quieres más poder sanador para tu chakra del corazón? Utiliza hierbas y especias como la majuela, el jazmín, las rosas, la albahaca, la manzanilla, la salvia, la mejorana, el tomillo, el perejil, el cilantro, la cayena o la lavanda.

Segunda Parte: Susan Weis-Bohlen

Cuando preparamos alimentos relacionados con el cuarto chakra, estamos vinculando nuestro chakra del corazón con ese alimento. Entonces, el chakra del amor silencioso le otorga toda su energía a la comida, y los nutrientes de ésta difunden el amor por todas las células de nuestro cuerpo.

En esta sección presento tres recetas influidas por el ayurveda, un sistema de medicina tradicional originario de India con más de 5 000 años de historia, basado en la conciencia y diseñado para fomentar una buena salud. Llevo muchos años creando y presentando recetas ayurvédicas y estoy encantada de hacerlo también aquí en relación con el chakra del corazón.

El cuarto chakra y tu *vata dosha*

En el ayurveda el cuarto chakra está estrechamente vinculado al *vata dosha,* uno de los tres *dosha*, que son combinaciones de elementos que conforman los componentes físicos y emocionales de la persona. *Vata* también es una época del año, lo que significa que todo el mundo, y no sólo las personalidades de tipo *vata*, pueden beneficiarse de estas recetas en un momento u otro. Técnicamente, la estación *vata* comprende el otoño y termina a mediados de invierno; aunque está vinculada al tiempo seco y el frío, la comida *vata* puede reconfortarte siempre que necesites amor, calidez y volver a conectar con la tierra.

Vata está relacionado principalmente con el elemento aire y conecta el chakra del corazón con el de la garganta. Las emociones intensas, como el amor y la confianza, el perdón y la tristeza, la alegría y la devoción, fluyen hacia arriba, desde el corazón hasta la garganta, donde encontramos el coraje para hablar con sinceridad.

Cuando hacemos una dieta para equilibrar el *vata dosha*, el aire y el espacio inherentes a *vata* crean un flujo natural, abriendo el conducto que une el corazón y la garganta. Cuando tenemos el corazón despejado, podemos expresarnos con claridad. Si el chakra del corazón está desequilibrado, nos llenaremos de ira, rabia, celos y amor condicionado.

Las dietas para equilibrar el *vata* incluyen alimentos untuosos, que nos ayudan a enraizarnos y altamente nutritivos. Los alimentos que potencian el *vata,* como los frutos secos, los aguacates, el pescado azul y algunas carnes rojas, son muy calóricos, calorías que proceden de las grasas, las proteínas y los aceites saludables.

Cuida de tu salud física y emocional a través de los alimentos cardiosaludables que encontrarás en los mercados locales, en las tiendas de productos ecológicos o en tu propio huerto, y siempre consume alimentos que reflejen todos los colores del arcoíris.

Acércate a las recetas y alimentos de esta sección con alegría y gratitud. Si dejas que tus sentidos aprecien los alimentos mientras los compras, preparas y consumes, tu experiencia mejorará y tu cuerpo digerirá mejor la comida. Asimilarás de forma natural los nutrientes y eliminarás de forma más eficaz lo que no necesitas.

Evita comer o cocinar si te sientes avergonzado, culpable o estás enfadado, ya que eso puede afectar negativamente tanto a tus chakras como a tu digestión. Espera a calmarte o a sentirte mejor. Antes de comer, haz uno de los ejercicios que aparecen en el libro para calmarte y centrarte en tu corazón. Ya verás cómo la comida te sabrá mejor.

Las estrellas de estas recetas son las verduras y las frutas: cardiosaludables, nutritivas y sabrosas. Una de las recetas lleva atún, por lo que sirve tanto para pescetarianos como para carnívoros.

Batido para el desayuno centrado en el corazón

2 RACIONES

El ayurveda no es muy fan de los batidos porque son fríos. Existe la creencia de que los alimentos fríos son difíciles de digerir, especialmente para *vata dosha*, que es frío y seco. Para convertir este batido más adecuado para el corazón y el *vata*, usaremos agua tibia, así como aceite de linaza y aguacate porque favorecen el anclaje.

2 tazas de agua filtrada, caliente o tibia

1 aguacate pequeño maduro, sin piel y cortado en
rodajas

8 hojas de menta fresca o 1 cucharadita de menta seca o
½ cucharadita de extracto de menta

1 pepino pequeño con piel y semillas

1 cucharadita de espirulina en polvo

2 tallos de apio picados

1 manzana verde, sin corazón y en rodajas

¼ taza de semillas de calabaza crudas sin sal

½ mango maduro o un plátano entero (para endulzar)

1 cucharadita de aceite de linaza

Vierte el agua en una batidora, añade el resto de ingredientes y tritúralo todo. Bébelo enseguida o guárdalo en un tarro hermético en la nevera. Si lo guardas en la nevera, déjalo atemperar antes de beberlo o añade más agua tibia. Bébelo con el estómago vacío y no vuelvas a comer hasta que tengas hambre.

Coles de Bruselas asadas y dulces

2 RACIONES COMO GUARNICIÓN, O 1 COMO PLATO PRINCIPAL
Es posible que las coles de Bruselas sean el primer superalimento. Contienen fibra, carbohidratos, proteínas y nutrientes como las vitaminas C y K. También están llenas de antioxidantes, como el betacaroteno y el kaempferol, los cuales pueden prevenir el envejecimiento prematuro y revertir la oxidación celular. Además, son una gran fuente de omega-3, ácidos grasos excelentes para la salud cerebral y cardíaca. Una sola taza de coles de Bruselas (que con esta receta se comen como si nada) proporciona el 10 % de las necesidades diarias de omega-3.

Advertencia: si tomas anticoagulantes, evita esta receta, ya que la vitamina K puede interferir con tu medicación.

450 g de coles de Bruselas

¼ taza de aceite de oliva

1 cucharadita de sal marina

½ cucharadita de pimienta negra

2 a 4 cucharadas de jarabe de arce

Precalienta el horno a 190 °C. Enjuaga las coles de Bruselas con agua fría y retira las hojas descoloridas. Corta los tallos que queden. Si las coles son grandes, córtalas por la mitad o en cuartos. Si son pequeñas (del tamaño de una nuez) puedes dejarlas enteras. Sécalas con un trapo o al aire antes de asarlas.

Pon en un bol el aceite, la sal, la pimienta y las coles. Mezcla o remueve para cubrir todas las coles con el aceite y los condimentos. Viértelas en una bandeja para hornear. Deja espacio entre las coles para que se asen bien. Métes las en el horno.

Comprueba las coles cuando hayan pasado unos 10 minutos. Sácalas del horno y muévelas o dales la vuelta para que se asen de forma uniforme. Cocínalas otros 10 minutos, sácalas de nuevo y vierte el jarabe de arce directamente sobre las coles. Déjalas otros 10 minutos más en el horno o hasta que estén tiernas al pincharlas con un tenedor.

Este plato es ideal sobre arroz integral o quinoa al vapor y como acompañamiento de todo tipo de proteínas, como el tofu a la parrilla o el pescado al horno.

Atún a la plancha con costra de hierbas verdes

2 RACIONES

Este plato es de pescado, lo que favorece la salud cardíaca, y hierbas, las cuales tienen propiedades sanadoras y un sabor delicioso. En el ayurveda, el pescado se considera un alimento *vata*, calmante por naturaleza y rico en proteínas y muchos otros nutrientes. Con altos niveles de ácidos grasos omega-3, el atún ayuda a reducir los ácidos grasos omega-6, no demasiado saludables, y el colesterol malo, el cual puede acumularse en las arterias del corazón. El atún también reduce el riesgo de sufrir enfermedades cardiovasculares e infartos, y es una de las mejores fuentes de vitamina D. El atún es asimismo una gran fuente de otras vitaminas y minerales, como el hierro, la vitamina B6, el potasio, el selenio y el yodo. Es un alimento genial para la salud de tu corazón y para tu felicidad.

2 filetes de atún de aleta amarilla, de unos 2,5 cm
    de grosor (450 g en total)
1 cucharada de perejil fresco picado
2 cucharaditas de orégano fresco picado
1 cucharadita de hojas de tomillo
1 cucharadita de romero picado
1 cebolleta finamente picada (tanto la parte verde como
    la blanca)
2 cucharadas de aceite de oliva virgen extra
Una pizca de sal marina
Rodajas de lima fresca

Pon los filetes de atún en un bol y añade el perejil, el orégano, el tomillo, el romero, la cebolleta y el aceite. Mezcla todo hasta que el atún quede bien cubierto con las hierbas. Si tienes tiempo, cubre el atún y déjalo marinar 30 minutos en el frigorífico. Si no puedes cocinarlo inmediatamente. Calienta una parrilla, una plancha o una sartén y añade el atún, vertiendo la mezcla de aceite de hierbas sobrante por encima.

Cocina los filetes durante 5 minutos por un lado, dales la vuelta y déjalos otros 3 minutos por el otro. No los cocines en exceso; los filetes deben quedar poco hechos. Sírvelos con unas rodajas de lima y coles de Bruselas asadas.

Aunque están deliciosos calientes, también pueden prepararse con antelación y servirse a temperatura ambiente.

Estas recetas cardiosaludables nutrirán tu cuerpo, tu mente y tu alma. Son buenas para todas las personas y pueden prepararse en cualquier momento. Si quieres, puedes añadir proteínas a las recetas veganas para adaptarlas a tu estilo de vida.

Conclusión

Anahata, el chakra del sonido sin percusión. A estas alturas de tu viaje, imagino que esta definición ha crecido en importancia e intensidad.

¿Qué sonidos, tonos, notas y esperanzas son tradicionalmente e indescriptiblemente silenciosos? Las respuestas incluyen todo aquello que consideramos significativo: el amor, las relaciones, la gracia, el espíritu, la forma en que se condensa el aliento cuando hace frío, el roce de la mano regordeta de un niño en el rostro.

Al principio del libro te hemos invitado a conocer el chakra del corazón. Aunque esta frase podría ser una síntesis adecuada, el libro está lleno de complejidades. En la primera parte te he presentado a los maestros y eruditos de la historia. Como hemos visto, el cuarto chakra regula algunas de las funciones biológicas más importantes relacionadas con el sistema cardiovascular, los senos o los pulmones, entre otros. El cuarto chakra es una suerte de caldero donde se crea la energía verde, la energía que potencia todo aquello que consideramos vinculado al «amor silencioso», incluido el propio amor. En tanto centro de nuestras capacidades sanadoras, este chakra ha sido venerado desde tiempos inmemoriales por sus conexiones con, entre otras cosas, varios iconos hindúes, un determinado portador de semillas y un elemento.

En la segunda parte hemos presentado diversos enfoques distintos para lograr que el chakra del corazón te ayude a expandir los poderes que nacen de tu corazón. Piensa en todas las relaciones que puedes disfrutar ahora gracias a los aliados espirituales de tu cuarto chakra y todos los beneficios que puedes obtener con la ayuda de los remedios vibracionales, las recetas, las posturas de yoga, las meditaciones, las técnicas de sonido y otras prácticas de apoyo que has descubierto a lo largo del libro.

¿Cómo puedes seguir disfrutando de las maravillas que ofrece el chakra del amor silencioso? A medida que sigas avanzando con amor en tus aventuras del cuarto chakra, descubrirás que las posibilidades son infinitas.

Otros colaboradores de la obra

Anthony J. W. Benson es estratega creativo de negocios, director, formador, productor y escritor especializado en colaborar con autores, conferenciantes, músicos, emprendedores y pequeños y grandes negocios con la apertura de la conciencia. Ha compartido su conocimiento en numerosos pódcast y programas de radio y televisión. Anthony hace más de 35 años que sigue un estilo de vida consciente basado en el consumo de plantas.

www.anthonyjwbenson.com
www.injoicreative.com

Jo-Anne Brown es una sanadora energética intuitiva y escritora que vive en Queensland (Australia), con un bagaje profesional que incluye la ingeniería y la terapia de biorresonancia. Ayuda a las personas con una alta sensibilidad a descubrir el sentido de sus experiencias profundamente emocionales y a liberar los patrones que no están en armonía. Ha colaborado en *Intuitive: Speaking Her Truth*, el superventas escrito por varios autores.

https://joanneintuitive.com

Lindsay Fauntleroy es acupuntora certificada y fundadora de The Spirit Seed, una escuela que ofrece cursos de desarrollo personal y profesional basados en conocimientos ancestrales acerca de la salud, la humanidad, la naturaleza y el cosmos. Lindsay es instructora certificada por la Commission for Acupuncture and Oriental Medicine (NCCAOM), así como moderadora del programa mundial de certificación de profesionales de la Flower Essence Society.

oceansanddrivers.com
thespiritseed.org/inourelementbook

Amanda Huggins es una formadora especialista en ansiedad y *mindfulness*, instructora de yoga certificada y conferenciante. Su enfoque, conocido como «científico, espiritual, práctico», ha ayudado a miles de personas a transformar su mente, cuerpo y alma. Aparte de cursos en línea, Amanda también ofrece consejos en su pódcast, «Anxiety Talks with Amanda», y tiene una comunidad virtual de más de medio millón de seguidores.

Instagram y TikTok: @itsamandahuggins
https://amandahugginscoaching.com/

Margaret Ann Lembo es la autora de, entre otros títulos, *The Essential Guide to Crystals, Chakra Awakening, Animal Totems and the Gemstone Kingdom, The Essential Guide to Aromatherapy and Vibrational Healing, Angels and Gemstone Guardians Cards, Gemstone Guardians and Your Soul Purpose*. Es una galardonada aromaterapeuta y propietaria de Crystal Garden, la tienda de vida consciente de Palm Beach.

www.margaretannlembo.com
https://thecrystalgarden.com

Gina Nicole es consultora de feng shui, doctora en medicina energética sutil y autora de una baraja de cartas de sabiduría. Motiva a las personas empáticas a que orienten sus mentes, cuerpos, espíritus y hogares a alinearse con frecuencias superiores, para así tomar decisiones impecablemente claras e intuitivas. Le encanta viajar y está dedicada en cuerpo y alma a introducir la luz transformativa en el sistema de acogida temporal de menores.

www.ginanicole.net

Blake Tedder es un instructor de yoga, músico y guía que ayuda a la gente a conectar con la vida y la salud creando espacios sagrados mediante movimiento, rituales, sonidos y canciones. Anteriormente fue presentador del internacionalmente aclamado *Full Lotus Kirtan Show* y de un pódcast con las leyendas yóguicas Angela Farmer y Victor van Kooten. Cuando no trabaja a tiempo completo para un grupo universitario dedicado al clima y la sostenibilidad, presenta un programa de radio semanal en el que explora paisajes musicales contemplativos y compone su propia música.

blaketedder.com

Amelia Vogler es una especialista en medicina energética y *grounding,* una mundialmente reconocida profesora de medicina energética, formadora espiritual y guía de meditación. Integra las prácticas energéticas esenciales en sus meditaciones y lecciones para mejorar la humanidad. A través de su consulta privada internacional, ha ayudado a miles de personas a transformarse a través del *grounding,* el enfoque intuitivo y la medicina energética avanzada.

www.ameliavogler.com
www.voglerinstitute.com

Susan Weis-Bohlen está certificada en ayurveda por el Chopra Center y ha estudiado con el doctor Vasant Lad y con Amadea Morningstar. También forma parte, desde el año 2018, del comité de dirección de la National Ayurveda Medical Association (NAMA). Además de haber sido la propietaria de una librería, ahora también es la autora de *Ayurveda Beginner's Guide: Essential Ayurvedic Principles and Practices to Balance and Heal Naturally y de Seasonal SelfCare Rituals: Eat, Breath, Move, and Sleep Better – According to Your Dosha*.

www.breathayurveda.com

Índice

Introducción 7

Primera Parte. Establecer la base del conocimiento
de tu cuarto chakra 17
1. Aliados espirituales 23
2. El aspecto físico 51
3. De la psique y el alma 59

Segunda Parte. Aplicar los conocimientos sobre el cuarto chakra
a la vida real 73
4. Aliados espirituales 79
5. Posturas de yoga 89
6. Sabiduría corporal 101
7. Autosanación y anclaje 111
8. Meditaciones guiadas 119
9. Remedios vibracionales 131
10. Cristales, minerales y piedras 143
11. Mantras de sanación 153
12. Colores y formas 163
13. Recetas 171

Conclusión 185
Otros colaboradores de la obra 187